贝多芬(1770-1827),德国钢琴家、作曲家

贝多芬小传

路德维希·范·贝多芬,德国最伟大的音乐家之一,被人们称为乐圣。他一生共创作了9首编号交响曲、35首钢琴奏鸣曲(其中后32首带有编号)、10部小提琴奏鸣曲、16首弦乐四重奏、1部歌剧、2部弥撒等,另外还有大量室内乐、艺术歌曲、舞曲。传世经典之作有《英雄交响曲》、《命运交响曲》、《月光曲》、《第九交响曲》等。

贝多芬8岁登台演出,被称为神童,然而11岁,父亲便让他辍学去挣钱,28岁听力开始出现问题,最后全部失聪,终身未婚。生活中,与他相伴的有严厉而粗暴的父亲,有关心帮助他的朋友,有指导他弹琴及作曲的音乐大师。他将自己的崇高的信念和不屈的意志,将自己的生命熔铸到音乐中,他既是古典主义音乐的大师,又是浪漫主义音乐的开创者。

燃烧的音乐
贝多芬传

张洪兴 著

华文出版社
SINO-CULTURE PRESS

图书在版编目（CIP）数据

燃烧的音乐：贝多芬传 / 张洪兴著. —— 北京：华文出版社，2013.4（2013.8重印）
（可爱的"坏孩子"·世界伟人成长传记系列）
ISBN 978-7-5075-3959-2

Ⅰ. ①燃… Ⅱ. ①张… Ⅲ. ①贝多芬，L.V.（1770～1827）—传记 Ⅳ. ①K835.165.76

中国版本图书馆CIP数据核字（2013）第056653号

燃烧的音乐：贝多芬传

著　　者：	张洪兴
出版策划：	李红强　罗　亭
责任编辑：	张明华
出版发行：	华文出版社
社　　址：	北京市西城区广外大街305号8区2号楼
邮政编码：	100055
网　　址：	http://www.hwcbs.com.cn
电　　话：	总编室 010-58336239　发行部 010-58336212 58336238
	责任编辑 010-58336211
经　　销：	新华书店
印　　刷：	天津新科印刷有限公司
开　　本：	710×1000　1/16
印　　张：	11
字　　数：	96千字
插　　图：	8张
版　　次：	2013年4月第1版
印　　次：	2013年8月第2次印刷
标准书号：	ISBN 978-7-5075-3959-2
定　　价：	21.80元

版权所有　侵权必究

序

　　说起路德维希·范·贝多芬,我们都知道,他是德国最伟大的音乐家之一。他的作品,如《英雄交响曲》、《命运交响曲》、《悲怆钢琴奏鸣曲》、《月光曲》、《第九交响曲》等,都具有澎湃的激情和激动人心的力量,是不朽的传世之作,是人类历史上最可宝贵的精神财富。

　　人们称他为乐圣。

　　贝多芬的父亲约翰,是波恩宫廷的男高音歌手,可以说是一个"虎爸"。为了把贝多芬培养成为"第二个莫扎特",约翰可以说费尽心机。开始,他自己教贝多芬弹钢琴、学习音乐的基本知识。但他毕竟只是一个歌手,很快就"弹尽粮绝",只好求自己宫廷乐队的同事教贝多芬。贝多芬的童年无疑是不幸的,慈祥的祖父早死,母亲玛格达莲娜性格柔弱,而父亲约翰经常酗酒,对贝多芬的教育简单粗暴,酒后甚至半夜里把贝多芬叫起来练琴,打骂是常有的事情——这使得贝多芬的性格有些扭曲。在

贝多芬传

一段时间内,贝多芬不愿意弹琴,不愿意学习音乐,甚至在学校里也被老师批评。贝多芬8岁的时候,第一次在波恩宫廷演出。在现有的贝多芬的传记材料中,几乎无一例外地批判"虎爸"约翰,说他急功近利,说他想把贝多芬培养成自己的"摇钱树",说他是酒鬼。这些都没有错,但一个客观的事实是,如果没有约翰近乎严酷地培养贝多芬,如果没有约翰近乎低声下气地求自己的同事教授贝多芬,如果没有约翰把贝多芬领到内弗先生面前,贝多芬纵便有音乐天赋,也不可能有后来伟大的成就。

在贝多芬成名之前,尤其是在他青少年时期,他可以说是一个标准的"屌丝"。贝多芬不是贵族,父亲只是个歌手,母亲是厨师的女儿,家里很穷;他身体虽结实,但身高只有一米六左右,这在高大的德国人中间,实在矮得不能再矮了;他脸上有些痘疮留下的疤痕,眼睛有些小,鼻子有些大,下嘴唇有些凸出……这不就是穷、丑、矮的"屌丝"形象吗?但他没有自暴自弃的"屌丝"心态,他有热情洋溢的、永不屈服的、高贵的思想与精神。他的思想和精神都飞扬在跳动的乐符中,我们听他的音乐,能感受到一丝的卑微与怯懦吗?绝对没有!——而这些才是一个人最可宝贵的东西。

同贝多芬不幸的生活相比,他的音乐生涯尤其是他在音乐成长阶段,无疑是幸运的。内弗先生是他的第一位名师,后来在选帝侯马克西米连·弗兰茨的支持与瓦尔德史泰因伯爵的帮助下,他又师从莫扎特和海顿——世界上两位顶尖儿的音乐大师,音乐的大门彻底向他打开。贝多芬既是古典主义音乐的大师,将古典主义音乐推向巅峰;又是浪漫主义音乐的开创者,他将自己的崇高的信念和不屈的意志,将自己的生命熔铸到音乐中,可以说是浪漫主义音乐发展的里程碑。

作为一名音乐大师,耳朵无疑是音乐的"窗口",但贝多芬从28岁开始,听力就出现了问题,最后以至于全部失聪——这对贝多芬来说是一种残酷的折磨!为此,他曾意志消沉,甚至想要自杀,但他最终战胜了自己,向命运抗争。所以,贝多芬是一种反抗精神的化身,萧伯纳在《贝多芬百年祭》一文中说:"甚至在他已老到像一头苍熊时,他仍然是一只未经驯服的熊崽子。"贝多芬的晚年,疾病的困扰、侄子卡尔的叛逆以及经济上的困顿,让这位老单身汉痛苦不堪……

贝多芬的传记有很多种,如法国罗曼·罗兰《贝多芬传》(傅雷译)、德国费里克斯·胡赫《贝多芬》(高中甫译)、英国大卫·温·琼斯《贝多芬传》(秦立彦译),各有千秋。本传记以贝多芬的童年、青少年生活为重点,以他的反抗精神为主线,试图多方面地触摸他的心灵世界。当今网络时代,是一个去神化的时代,文中所涉及的人物,不管是贝多芬还是莫扎特,笔者都试图在平凡的生活中揭示他们的不平凡之处——不管是伟大还是渺小,不管是贫穷还是富贵,每个人首先都是一个人而已,这个世界上本就没有神。

现在请你静下心来,闭上眼睛,让我们一起来聆听贝多芬的音乐,一起走近贝多芬的生活,一起感受贝多芬的心灵。你听,忧郁的《月光曲》响起来;你听,激昂的《英雄交响曲》响起来;你听,欢乐的《第九交响曲》响起来……在音乐的旋律中,让我们的心灵一起去飞扬,一起去感受生命的欢乐与哀愁吧!

目 录

第一章　贵族是什么? ………………………………… 1
第二章　倔犟的琴凳 …………………………………… 13
第三章　内弗的教导 …………………………………… 33
第四章　波恩的友情 …………………………………… 53
第五章　莫扎特是神吗? ……………………………… 67
第六章　音乐是什么? ………………………………… 81
第七章　年轻的音乐大师 ……………………………… 103
第八章　"我要扼住命运的咽喉" ……………………… 117
第九章　与上帝的对话 ………………………………… 131
尾　声 …………………………………………………… 145

附录　贝多芬年谱 ……………………………………… 148

第一章 贵族是什么？

1773年的冬天，波恩的天气并不是很冷。

圣诞节快到了。小路易斯①已过了3周岁的生日②，他长得比较矮小，脸上由于生过痘疮，留下了一些疤痕；他的脑袋比较大——与同龄儿童相比硕大的脑袋，让父亲约翰·贝多芬很不以为然，眉骨有些高，眼睛小却很有神。

圣诞节的前一天，下了一场雪。波恩的气候温和，雪落到地面上往往很快就化掉了。但纷纷飘落的雪花让路易斯非常兴奋，他在院子里跑着，快乐地尖叫着，想把雪花捧在手中，但雪花转眼之间就消逝了，这虽然让他有些沮丧，但并没有影响他快乐的情绪。他甚至跑到厨房，拿出了妈妈做饭用

---

① 贝多芬小时候，曾用路易斯的名字。
② 贝多芬生日没有确切的说法，其洗礼日是1770年12月17日。根据习俗，新生儿一般是出生的当天或者第二天接受洗礼。约翰·范·贝多芬为使儿子成为神童，改小了贝多芬的年龄，说他是1772年出生，直到1810年贝多芬看到自己的洗礼证书时，才知道了自己确切的年龄。

的铲子,要去铲地上的雪花,这招来妈妈玛格达莲娜·凯维里希的训斥——虽然妈妈一直都很疼爱他,他不得已把铲子送回了厨房。

　　爷爷路德维希·范·贝多芬在旁边看着路易斯玩闹,呵呵地笑着。路德维希在1733年就以歌手的身份加入了波恩选帝侯的宫廷乐队,为选帝侯服务了整整40年,现在是乐队的乐长。三年前,路易斯的出生给他带来了无尽的欢乐,他把自己的名字也给了这个可爱的小精灵(他的名字也是自己父亲的名字),希望路易斯长大后像他一样能当个宫廷乐队的乐长——这可是个令人羡慕的职位。

　　见玛格达莲娜有些生气,爷爷就冲路易斯说:"小家伙,咱们到街上去玩吧,妈妈在家里要做饭了。"路易斯跑过来,牵住爷爷的手。"看你的手,都冻红了,冷不冷?"爷爷攥紧了路易斯的小手,替他暖着。

　　"不冷,爷爷。"路易斯回答得非常干脆。在路易斯的心中,爷爷是他最亲的人。只要爷爷不去工作,很多时间都在陪他一起玩——而爸爸却不这样,爷爷比爸爸强多了。

　　祖孙二人走到了波恩的大街上。街面并不宽,街上也没有几个人。路易斯在街上高兴地跑着,一会儿跑到前面去,一会儿又折返回来,然后又跑到前面去……路易斯总是有着无穷的精力。

　　"亲爱的路易斯,别跑了。"

　　"没事儿的,爷爷。"

　　"路易斯,别跑了,要有教养,要像个贵族。"爷爷忍不住教育孙子。

"爷爷,贵族是什么?"路易斯停下来,扬起头来好奇地问。

"嗯?贵族是什么?贵族是社会上有身份、有地位、有教养的人。"爷爷想了一下,差点儿不知道怎么来回答孙子了。如果被3岁的孙子给问住了,他这个宫廷乐队的乐长可就够丢人了。其实,他知道,他说的话孙子也未必会懂。

"那爷爷,你是贵族吗?"

"我是贵族?我可不是贵族。"

"那我妈妈是贵族吗?"

"你的妈妈?呵呵,你妈妈是厨师的女儿,她哪能是贵族呢,她不是贵族。"

"那我爸爸呢,他是贵族吗?"

"你的爸爸是我的儿子,还爱喝酒,有坏毛病,我不是贵族,你的爸爸自然也不是贵族。"

"那我是贵族吗?"

"呵呵,我亲爱的路易斯,你嘛,你就是贵族,一个最贵、最贵的贵族,哈哈……"爷爷用手摸了一下路易斯的大脑袋,拉着路易斯的手,开心地笑了起来。

路易斯还小,自然不知道什么是贵族的。但路易斯的几个问题,却让老路德维希心里也犯起了嘀咕,贵族是什么呢?他以前从来没有想过这个问题。他只知道,贵族都高高在上,从小就受到了良好的教育,长大之后有身份、有地位、有仆从——他就是歌唱得再好,就是当了波恩选帝侯的宫廷乐长,也永远成不了贵族。要知道,波恩可是科隆选帝侯的首府,大主教也在这里,有一万多人居住,宫廷乐队除了他这个乐长外,还有7个歌手、2个风琴师、7个小提琴师、2个中提琴师、2个大提琴师、1个双簧管乐手以及1个口琴乐手,有20多个人呢。有人说,波恩宫廷乐队可是整个德国的第三大乐队呢——但他知道,即便他是乐长,也永远成不了贵族。

雪还在下着,路易斯还在雪中飞跑着,爷爷跟在孙子的身后,脸上挂着慈祥的笑容。

伟大的圣诞节到来了,整个波恩城里洋溢着节日的欢乐。

玛格达莲娜早早起了床,把家里收拾干净。她是个勤劳的女人,虽然又怀了孕,但仍操持家务,把家里收拾得井井有条。她把路易斯叫起床,穿上了新衣服。

"嘿,路易斯,穿上新衣服变好看了啊,要不像个丑八怪似的,真不像我漂亮约翰的儿子。"爸爸在旁边逗路易斯。

"你才是个丑八怪呢,爷爷都说我长得好看。"路易斯反击爸爸,他一转身,看见爷爷也走进房间里。

"早上好,路易斯,圣诞节快乐!"爷爷先跟路易斯打招呼。

"爷爷,圣诞节快乐!"路易斯扑向爷爷。

"路易斯,你已经3岁多了,你已经长大了,等我找时间教你音乐和唱歌,比如弹钢琴,你喜欢吗?你可知道,我12岁的时候就成为宫廷乐队的歌手了。"约翰还想继续和路易斯交流,就把他从爷爷怀里拉了出来,对他说。

"不……我要找爷爷。"路易斯挣扎着要摆脱约翰的控制。

约翰有点儿不高兴,但还是把手松开了。约翰作为选帝侯宫廷乐队的男高音歌手,继承了老路德维希优秀的嗓音,在乐队里有一席之地。当时宫廷歌手的职位往往是世袭的,约翰对路易斯并没有太多的期望,他觉得儿子如果有音乐才能的话,可以世袭宫廷歌手的职位;发展好的话,可以像他爷爷一样,做一位受人尊敬的乐长;发展不好的话,可以像自己一样成为一名歌手,这样养家糊口也没有问题。但儿子已经3周岁了,他觉得应该让儿子接受一些音乐的教育了。

一家人吃完早饭后,路易斯拉着爷爷的手,说要到街上去玩,于是祖孙俩出了家门。

虽然是圣诞节,但雪后的波恩街头却显得稍有些冷清。雪已经融化了,地面上还显得有些湿。路易斯蹦蹦跳跳地走在前面,老路德维希跟在后面,不时地跟认识的人点头打个招呼。路易斯在路面上发现了一块圆石头,边跑边往前面踢着石头。路德维希觉得有些不好,就快走几步,拉住了路易斯。

"亲爱的路易斯,不要踢小石头了,会有危险的。"

"没事儿的,爷爷,那石头可好玩儿了,你看它是圆的,一踢就滚到前面去了。"

"路易斯,别踢了,我告诉你要像贵族一样有教养。"

"贵族是什么啊?"路易斯抬起头来,看着爷爷。

"呵呵,亲爱的路易斯,我们昨天刚说过这个问题,你怎么就忘了?贵族是……"

"爷爷,你不用说了,我知道贵族了。"路易斯一边说着,一边挣脱了路德维希的手,又跑到前面去了。

贝多芬传

祖孙俩走了很长的时间。他们一直走到了莱茵河畔。莱茵河里的水并没有结冰，还在静静地流淌着。路德维希心中突然有一些感慨，转眼一年又过去了，他已经61岁了，不知还会活多少年——人在一年一年中不知不觉地老去，而莱茵河水却永远不会停止。路德维希觉得意兴阑珊，就领着路易斯往回走。

刚拐过一条街道，路德维希突然抓住孙子，在墙边毕恭毕敬地站住。路易斯很奇怪，抬头看着爷爷，发现爷爷摘下了帽子，身子微微前倾，腰也弯了下来。

"路易斯，小心站好，别动。"爷爷的脸上出现了少有的严肃。

路易斯很不情愿地在路边站好，转头向前方看去时，见几个人从前方走了过来。前边的一个身材并不高大，但昂首挺胸，大步向前，身上穿得很华丽，后面的几个人小心地跟着。

"首相大人，圣诞节快乐！"路德维希大声说。

"路德维希，圣诞节快乐。选帝侯让我视察一下波恩，检查一下节日的情况，有什么情况没有？"那个被路德维希称为首相的人说。

"没有意外情况，首相大人，我们都很好。祝选帝侯圣诞节快乐！"路德维希恭敬地回答。

首相大人看了一眼路德维希，从他面前大步走了过去。

"路易斯，咱们回家吧。"见首相及其随从走远了，路德维希开口说。

"爷爷，那个人是什么人？"路易斯问。

"他是选帝侯的首相。首相,你知道吗,是个大官,是个大贵族。"

"他是个贵族?贵族就是这个样子吗?"

"对,这就是贵族,是一个有地位、有身份、有教养的贵族。噢,路易斯,咱们不说这些了,我有个好主意,咱们现在马上回家,布置一棵圣诞树,晚上我再给你圣诞节的礼物。亲爱的路易斯,你要什么礼物?"

"我要一棵漂亮的圣诞树,我还要一块糖果,不,两块,不,三块糖果,对,我还要五块糖果,怎么样?"路易斯对贵族之类的话题并不关心,他也不懂什么贵族不贵族的,爷爷岔开话题说开了圣诞树和圣诞礼物,这才是路易斯所热心的。

"好的,亲爱的路易斯,一棵圣诞树、五块糖果,我一定给我孙子最好的圣诞树和五块最好的糖果。"

晚饭的时候,老路德维希拿出了一瓶好酒,一家人围坐在一起,看着漂亮的圣诞树,开开心心地吃了圣诞节丰盛的晚餐。路德维希和约翰把一瓶酒全喝了,喝到高兴的时候,约翰唱起歌来,路易斯也跟着唱了几句。

"你看我们的路易斯,唱得很不错哟,将来肯定像爷爷。"玛格达莲娜由衷的高兴。

| 贝多芬传 |

"对,我们的路易斯将来一定会有出息,一定是我们贝多芬家族的荣耀。为路易斯干杯!"老路德维希喝得满脸通红,兴奋地举着酒杯说。

"爷爷,还有我的五块糖果。"路易斯大声说。

"好,为了路易斯的五块糖果,干杯!"路德维希开心地说。

路易斯吃了饭,很快就上床睡觉了。他在睡着之前,还希望爷爷来给他送圣诞节的礼物,给他送来五块糖果。

但当路易斯第二天醒来的时候,见妈妈玛格达莲娜正在哭泣。玛格达莲娜边给路易斯穿衣服,边说:"亲爱的路易斯,你的亲爱的爷爷昨天晚上去世了。"

"去世是去哪儿了?"路易斯问。

"去世就是去了天堂,天使把爷爷接走了。"

"我也要去天堂,我要去找爷爷。"

"亲爱的孩子,你不能去天堂,只有天使迎接的时候人们才能到天堂去。"

路易斯并不明白死亡的真正含义,但从此之后他再也见不到爷爷了。路易斯在梦中,还会梦见爷爷——爷爷用他的大手轻轻地抚摸着他的大脑袋,他看着爷爷开心地笑着。

老路德维希去世之后,约翰虽然继承了一笔遗产,但毕竟有限,没有了路德维希的接济与扶持,约翰一家的生活有些窘迫了。

1774年4月,玛格达莲娜又生了一个儿子,取名叫卡斯帕尔·安东·卡尔·范·贝多芬。玛格达莲娜辛勤操持家务,她希望日子能够过得稍好一些,让两个儿子吃饱穿暖。

转眼一年又过去了,约翰开始教路易斯音乐知识,开始教路易斯弹钢琴。

"路易斯,不,你已经长大了,该叫你路德维希了,对,以后就叫你路德维希,这既是你爷爷的名字,也是我爷爷的名字,这是我们贝多芬家的光荣。路德维希,告诉你,你已经长大了,需要学习音乐了,需要弹钢琴了。路德维希,我要培养你,这是我的责任,我们家要有人到选帝侯的宫廷乐队里当乐手,这个你长大了就懂了。我要培养你,你的可怜的弟弟我就不准备教他了,我就培养你,路德维希,你一定要努力,宫廷乐队,那可是我们家的'地盘',你一定要像我一样成为宫廷乐队的乐师,听明白没有?"约翰把路德维希拉到一边,在儿子躲闪的目光里开始教育儿子。

"明白了,爸爸,你要教我学音乐,要教我弹钢琴。"路德维希回答。

"对,对,我聪明的儿子。我要教你学音乐,我要教你弹钢琴,我现在就教你。"约翰从家中的箱子里翻出一本音乐书籍,让路德维希坐在餐桌旁边。

约翰还没讲几句呢,一岁多的卡尔就跑过来抱住了约翰的胳膊,又叫又嚷。约翰很不耐烦,把书一摔,说:"太闹了,太闹了,真是讨厌,这个房子太小了,搬家,搬家!"

约翰搬家的想法早就有了。老路德维希去世之后,在莱茵河畔给约翰留下了一套老房子,面积要比他们现在的住处大不少。卡尔出生后,一家四口挤在一起,很不方便。

贝多芬传

"玛格达莲娜,咱们说好要搬家的,搬到我出生、长大的老房子里去,那里可比这里宽敞多了。你马上收拾东西,咱们最近几天就搬家。"约翰冲玛格达莲娜说。

约翰一家搬到了莱茵河畔老路德维希留下的老房子里。玛格达莲娜刚开始还不适应,觉得生活不方便。但约翰很高兴,这房子附近有几家小酒馆,他到外面会朋友、喝酒比以前方便多了。路德维希也很高兴,他多了一些小朋友,有裁缝家的孩子、面包师家的孩子,路德维希成为他们中的一员,他们一起玩捉迷藏,一起跑到莱茵河边去捡小石子。但约翰每次看到路德维希和小朋友们一起玩的时候,总是不高兴,有时甚至狠狠瞪他。

约翰继续教路德维希音乐课程。他教路德维希简单的乐谱,也开始教路德维希弹钢琴。由于路德维希长得比较矮小,他就把路德维希抱在琴凳上,抓着儿子的小手,按着琴键。约翰发现儿子对学习音乐还有些灵光,教他的东西都能够记住,这让约翰很高兴。他告诉儿子:"路德维希,你一定要认真学习音乐,不要跟那些小野孩在一起玩儿,那些野孩子都没有教养,一定要用功学习音乐,我可是警告你,你要是不认真学习,我可就狠狠地揍你。"

约翰虽严厉地教育儿子,但他自己却越来越消沉了。他以前只是贪恋杯中之物,非常喜欢喝酒,现在却常常酗酒了。玛格达莲娜常常劝自己的丈夫少喝酒,约翰总是不耐烦地说:"玛格达莲娜,我知道你的好意,我要保护好自己的身体,我要省下钱来养家,但我不就这么一点儿爱好嘛,我在宫廷

贝多芬的父亲开始教贝多芬弹钢琴。由于贝多芬长得比较矮小,父亲就把他抱在琴凳上,抓着儿子的小手,按着琴键。

名家名言

人拥有的东西没有比光阴更贵重、更有价值的了,所以千万不要把你今天所做的事拖延到明天去做。

名家名言

把"德性"教给你们的孩子:使人幸福的是德性而非金钱。这是我的经验之谈。

里工作,在家里教路德维希学习音乐,我总应该放松一下吧。亲爱的玛格达莲娜,你放心好了。"

但玛格达莲娜实在放不下心来,像他们这样的家庭,如果浪费钱财的话,就会入不敷出的,这让她很心疼。

1775年7月的一天晚上,约翰从宫廷回家时和同事、管风琴手艾吉狄乌斯·范·顿·艾登约好,一起到他家附近的酒馆喝酒。

在酒馆里,约翰点好了酒菜,和艾登边喝边聊。

"亲爱的艾登,这是这里最好的一家酒馆,你是我最好的朋友,我们一起喝酒,很愉快。"

"我也很愉快,约翰,感谢你的邀请。"

……

"告诉你一个好消息,我已经开始教我儿子路德维希弹钢琴了。他刚开始上手,就弹得有板有眼了,我觉得我儿子将来肯定能当宫廷乐手,像我一样。"

"啊啊,真是个好消息。你儿子路德维希几岁了?"

"5岁……4岁了,是4岁了,你看,我差点儿忘了,4岁就开始弹钢琴了,我的可爱的儿子。"约翰张口就说5岁,稍稍犹豫了一下又改口说4岁。连他都不知道为什么会改口,真是鬼使神差。

"4岁?你的儿子4岁就开始弹钢琴了,而且还弹得不错,真是个神童啊!老兄,你发财了,你知道莫扎特吗?"

"呵,艾登,你真是开玩笑,我怎么发财了?我当然知道莫扎特了,他是音乐天才,是音乐神童。"

贝多芬传

"你可知道莫扎特是怎样成为神童的吗？是他伟大的父亲，从小培养莫扎特，还让他巡回演出，所以莫扎特就出名了，还成为全世界都闻名的神童，你不觉得受到鼓舞吗？"

"我，我怎么了，我怎么会受到鼓舞？你是说我的儿子，我的路德维希会成为神童？"

"对，我是说你儿子会成为神童，你会成为一个伟大的父亲，会是神童儿子的父亲。"

"亲爱的老兄，我的儿子真的能成为神童？仁慈的上帝！"

"你想想，亲爱的约翰，你的儿子成了神童，会有无数的演出，你会拥有无数的古尔登①。"

"哈哈，无数的古尔登，无数的金币，我发财了……"

在醉眼蒙眬中，约翰仿佛看见无数的金光灿灿的金币向他飘来。

① 贵族是什么？请结合历史知识，谈一下你对贵族的认识。

② 在你的亲人中，你和谁的关系最亲密？他是如何爱你的呢？

---

① 古代德国钱币名称。

第二章 倔犟的琴凳

约翰在和艾登喝酒聊天后,心里升起了无限的希望,仿佛看到了一条给他带来名声和金钱的坦途。

"亲爱的玛格达莲娜,我有一个好主意,让我们能够摆脱贫穷,让我们成为有钱人。"

"什么好主意?"玛格达莲娜问。

"我要把路德维希培养成第二个莫扎特。你知道莫扎特吗?他是音乐神童,是他的父亲把他培养成才的,哦,他的伟大的父亲!只要路德维希成为音乐神童,成为音乐天才,就可以在全世界巡回演出,我们就会有大把大把的古尔登……"约翰话语中充满了向往之情。

"你要把路德维希培养成神童?噢,我的上帝!我只是个厨师的女儿,你只是一个歌手,怎么把儿子培养成神童?可怜的路德维希!我只是希望他能跟我们一样生活。"玛格达莲娜对丈夫的计划并不热心,她甚至觉得那是天方夜谭。

| 贝多芬传 |

"玛格达莲娜,你真是头发长见识短,你只配做一个厨师的女儿!我的同事艾登也同意我的主张,他打算以后亲自教导路德维希。我以后会好好教导路德维希,一定让他成为一个天才的音乐家,一个天才的神童。"约翰对妻子的话明显不满,他觉得自己的计划还是很有希望的。

约翰开始实施培养神童的计划。

每天早上,约翰总是把路德维希早早叫起床,把他抱到琴凳上,让他练习弹钢琴。约翰说,这是晨练,不能浪费一天中最好的时光。路德维希揉着惺忪的睡眼,在父亲的指示下,开始练琴。隔壁裁缝师、面包师总是找约翰抗议,说路德维希弹琴影响了他们家人的休息,但约翰却毫不在意,还是每天准时逼着路德维希弹琴。

路德维希对约翰的"晨练"不感兴趣,他总是问妈妈:

"妈妈,为什么不让我睡觉,你看外面的公鸡还在睡觉呢!"

"公鸡还在睡觉吗?呵呵,我亲爱的儿子,你的爸爸让你学习音乐,长大了像爷爷一样。"

"外面的公鸡真在睡觉呢,我昨天还看见了,还有母鸡也在睡觉。你说我爷爷去天堂了,天堂在哪里,这么长时间了怎么还不回来呢?"

"对对,公鸡、母鸡都在睡觉。你的爷爷在天堂里很忙呢,他可是个名人,他是宫廷乐队的乐长。乐长,你知道吗,儿子?"

"我知道乐长,我长大了也要当乐长,像爷爷一样。我当乐长了,我也要到天堂里找他,我们俩都是乐长,呵呵。"

"对,有志气的儿子,你和爷爷都当乐长,给上帝弹钢琴。可是,要想当乐长,就要好好练琴,知道吗,我的路德维希?"

"知道了,妈妈。可是小公鸡也是要睡觉的啊。等一会儿我到外面,去抓一只公鸡回来,问它想睡觉不?"

"呵呵,路德维希,你太小了,你是抓不住公鸡的,它比你还有力气呢。"

"我才不信呢,我长得可是比它大多了,我就问它想睡觉不?"

路德维希说完,就到院子里去了,说要去抓公鸡。玛格达莲娜也没有在意,她以为路德维希只是说着玩的,即便让他抓也抓不住。没过一会儿,玛格达莲娜只听得院子里的鸡乱飞乱叫,连忙出去看时,见路德维希正坐在一只公鸡身上,嘴里喊:"让你跑,终于让我抓到你了吧,哈哈。"公鸡在挣扎,路德维希坐在鸡身上,手脚并用,把公鸡按在地上,冲着鸡头喊:"你还想睡觉吗?"玛格达莲娜赶忙走过去,让路德维希把鸡放开。

"路德维希,我勇敢的儿子,你看你的手都被公鸡抓破了,疼不疼?"

"不疼,妈妈。"

"你问清楚公鸡想不想睡觉了吗?"

"它就'咯咯咯'地叫,不说话,公鸡不会说话。"

"那你怎样问它呢?你这样对公鸡,你坐在它身上,按住它的翅膀,它会很不舒服的,对不?"

贝多芬传

"我没有欺负它,我只是想跟它玩一会儿,我才不欺负它呢!"

"好了,我的乖儿子,咱们回房间去吧。你还要弹琴呢,长大以后还要成为像你爷爷一样的乐长呢。"

"公鸡"风波结束了,玛格达莲娜简单地为路德维希处理了一下被公鸡抓破的手指。只是破了一点儿皮,也没有什么大事儿。

1776年10月,玛格达莲娜又生了一个男孩,取名叫尼古劳斯·约翰·范·贝多芬,用了父亲约翰的名字。

路德维希练琴已近两年了,在约翰的教导下,路德维希的音乐理论、弹琴的水平都已经有了明显的进步。

眼看着路德维希一天天长大,约翰心里一天天着急起来。路德维希马上就6周岁了,什么时候才能成为神童呢?什么时候才能成为音乐天才呢?约翰心里总是嘀咕。

一天晚上,约翰又和艾登到酒馆里喝酒。

"亲爱的约翰,你家的神童、音乐天才路德维希怎么样了?什么时候能够为大家演出?"艾登在几杯酒下肚后想起了路德维希,对约翰说。

"真是一言难尽啊!艾登,我辛辛苦苦地教我那可怜的路德维希,他虽然掌握了一些音乐知识,钢琴弹得也是有板有眼,但我感觉他怎么没有进步了呢?像你,了不起的艾登,还有了不起的科赫、赞森,琴弹得多么娴熟优雅,而路德维希总是笨拙得像只鸭子,我心里失望极了。"约翰很不满地说。

"别灰心,亲爱的约翰,孩子要严格管教,不'修理'是不会成才的。另外,亲爱的约翰,你也要想想自己,你会唱歌,你的嗓音好,你是了不起的歌唱家,你教路德维希弹琴怎么会顺手呢?神童也要有好的老师才行,呵呵,亲爱的约翰,我不是说你弹得不好,我是说路德维希需要更称职的老师,我这样说是为你好,为路德维希好,为那个音乐天才好。"艾登红着脸说。

"啊,艾登,我知道你的意思,我要严格地管教路德维希,我要给他找好的老师。呵呵,你有时间的话,你也替我教一下路德维希。"

"非常乐意,只要你去找我,我一定尽心尽力教路德维希,教我们的音乐天才。我教他风琴和和声理论,就这么说定了。"艾登笑了起来。

当天晚上回到家里,约翰的兴致很高,他仿佛又看到了一片光明的前景。但当他醉醺醺地进入房间,发现路德维希正酣睡在床上,一股怒气突然涌上心头,他走到床跟前,

揭开被子,像老鹰抓小鸡一样把路德维希抓了起来。

"起床,小懒虫,醒了没有?我给你布置的作业都做完没有?你就知道睡觉。"约翰吼起来。

"醒了……爸爸。"贝多芬揉着惺忪的睡眼,愣愣地看着约翰说。

"好,好,小懒虫,我要考你,音乐分为几种?"约翰记起以前教给路德维希的音乐知识。

"音乐包括教堂音乐、剧院音乐和室内乐三种——你都问过我多少遍了?"路德维希记得约翰已经问他无数遍了,今天又一次问他,显然路德维希有些不满意了。

"问你多少遍,你记住了吗?室内乐又叫什么乐?"约翰又吼起来。

"室内乐又叫器乐。"路德维希干脆地回答。

"一定要记住。我12岁就加入宫廷乐队了,就是宫廷乐手了,你知不知道?我12岁,就能有收入了,有工资了,就能养活自己了,你知不知道?一定要好好学习音乐,好好练琴,一定要做莫扎特第二,知不知道?"约翰冲着路德维希大声说。

"我知道了,爸爸。"路德维希不知已经听了多少遍了。

"我再问你,今天钢琴弹了几遍?——我给你留的曲子。"约翰转移了话题。

"5遍。"路德维希一听,脸有些发白,小心地回答。

"5遍?我让你弹5遍?"一股怒气又涌上约翰的心头,约翰举起了手,"啪"的一下扇在了路德维希的脸上。

"呜,呜……"路德维希哭了起来。

"小懒虫,我让你弹 10 遍,你只弹 5 遍,还有脸哭?"约翰举起了手,又要打路德维希。

"约翰,你想干什么?路德维希还是个小孩子!"玛格达莲娜冲了过来,拦住了约翰的手。

玛格达莲娜早已经习惯了约翰对路德维希的絮叨,没想到这次约翰竟然打起了路德维希,这让玛格达莲娜非常气愤。

"玛格达莲娜,你知道,我要把路德维希培养成第二个莫扎特,我让他弹 10 遍曲子,他竟然只弹了 5 遍!"

"路德维希只是个孩子,我不管什么神童不神童,什么莫扎特不莫扎特,他是我的儿子,你不能打他。"玛格达莲娜把路德维希揽在了怀里,替他擦着眼泪,亲吻着他的脸。路德维希停止了哭泣,他在母亲的怀里感到了温暖。

"玛格达莲娜,你真是头发长见识短,你想想,路德维希已经满 6 周岁了,再不加强训练,就没有出头之日了。一定要加强训练,加强学习,今天晚上艾登已经答应教他风琴和和声了。"

"这个我不管,要学习明天再学,路德维希,上床睡觉去。"玛格达莲娜抱起路德维希,走到了床边。

"你真是只配在厨房里做饭,不可理喻。"

约翰气哼哼地坐在了凳子上,一场争吵就此结束了。

路德维希有些想不明白,父亲为什么总是对他这样严厉呢?难道他不好吗?他的小朋友,包括面包师的孩子、裁缝的孩子都在外面玩呢,自己为什么非要在家里弹钢琴呢?父亲让他弹的那些曲子,为什么总是要翻来覆去地弹呢?路德维希想不明白——他有些抵触父亲让他弹的那些曲子,但他没有办法,还会在父亲的要求下去弹那些曲子。

第二天傍晚,玛格达莲娜喊路德维希吃晚饭时,却不见了路德维希。她把家里找了个遍,也没有见到路德维希的影子。她有些着急,到外面去喊,也没有见路德维希回来。她又心急火燎地去面包师家、裁缝家找,也没有找到。

当玛格达莲娜回家的时候,发现路德维希已经回家了。

"哦,感谢上帝,路德维希,你终于回来了。你……你到哪儿去了?"玛格达莲娜一下子抱住了路德维希。

"我想去找我爷爷。以前爷爷总到河边去,我到河边去找他,没有找到。"路德维希小声说。

"哦,我可怜的儿子,你为什么要找你爷爷?"

"我爷爷不让我弹琴,还陪我玩。"

"我可怜的儿子,妈妈也陪你玩。以后你再想爷爷的时候,就看看这儿——"玛格达莲娜指着墙上挂的老贝多芬的肖像画说。

"爷爷……"路德维希差点儿哭了起来。

"我可怜的儿子,以后我就把爷爷的画像挂在你的床头,你想爷爷的时候,就看一看——不要到外面去找爷爷了。"

"把爷爷的画像给我。"

从此,老贝多芬的肖像画陪了路德维希很多年。

约翰培养神童的计划仍在继续。除了弹钢琴之外,约翰有时还领着路德维希到艾登家里,跟随艾登学习管风琴,并开始学习音乐和声理论。

约翰对路德维希依旧很严厉,打骂的现象也时常出现,好在玛格达莲娜总像老母鸡一样保护着路德维希这只雏鸡。

路德维希上学了,在波恩城的初等学校里读书,学校里开设读写课、宗教课、合唱课以及初级的拉丁语。

在学校的时候,路德维希暂时感觉不到父亲约翰的严厉目光,心里也会轻松起来。所以,在学校里,路德维希会跟同学搞恶作剧、会淘气,在老师和同学的眼中,他实在算不上是一个好学生、好同学。路德维希上学几个月后,老师就到约翰家来家访了。

"贝多芬太太,我今天来跟你谈路德维希的事情。"老师是一位头发花白的女士,她慢悠悠地开口对玛格达莲娜说。

"我的儿子,路德维希出了什么事情吗?"玛格达莲娜一听,心里有些着急,她生怕路德维希在学校闯祸。

"贝多芬太太,并没有什么大事情,只是一些小事情,我想跟你沟通一下,想跟你聊聊天。"老师仍是慢悠悠地说。

"感谢上帝,没有什么事情就好。那……路德维希有什么小问题呢?"玛格达莲娜心里松了一口气,但她仍然不放心。

"贝多芬太太,路德维希,你的儿子,平时在学校里不爱说话,但说话的时候声音就特别大,有时候还大叫、尖叫,吓得女同学都捂耳朵。"

"噢,是这个样子,可怜的路德维希。"

"路德维希还常常在教室里、学校里跑,跑得浑身是汗也不停下。我让他停下的时候,他就斜着眼睛瞅着我,他的眼睛啊,那双眼睛看得我很不自在,似乎在告诉我:别管他。他真是个特别的孩子。"

"噢,是这个样子,可怜的路德维希。"

"前几天,路德维希,你的儿子,和别的同学一起玩的时候,别人不小心碰了他一下,他就像是一只好斗的小公鸡一样,和别人打了起来。感谢上帝,我正好看到了,我制止了他们俩打架,可路德维希还不肯罢休,把同学的笔记本抓过来就扔到了地上。你可知道,当时贝多芬就像是一头公牛,像是在决斗一样。你是知道的,贝多芬太太,孩子是不能打架的,我已经批评路德维希了。"

"噢,是这个样子,可怜的路德维希。"

"路德维希,这个孩子上课时也不很认真听讲,我们教他读书,教他写字,教他算术,这是必须要学的,是选帝侯规定的。路德维希不喜欢算术,总是出错,你问他三加四等于几,他会说等于八。贝多芬太太,这可不是因为路德维希笨啊,他很聪明,你要是问他音乐方面的事情,他什么都懂。"

"噢,是这个样子,可怜的路德维希。"在老师喋喋不休地说着路德维希在学校的表现时,玛格达莲娜仿佛有些不适应,总是重复着这句话,她显然不知道路德维希在学校的情况。

"路德维希,你的儿子,他在家里表现怎么样?贝多芬太太。"老师转移了话题。

"亲爱的老师,你知道的,路德维希是我的大儿子,他是我的骄傲。他的爸爸教他学音乐,教他弹钢琴,他早起晚睡,非常努力,他的爸爸很严格地教导他,有时还打他。你知道的,我的儿子音乐学得很棒的,他的爸爸说他是音乐天才。"

"噢,是这样的,贝多芬太太。路德维希音乐是很棒,但你要让他学一些其他的知识。"

"是的,应该让他学一些其他的知识,这是我知道的,我让他出去玩一小会儿,等他回家我一定告诉他,让他在学校里守规矩,不与同学打架,要让他学习其他的知识。"玛格达莲娜听着老师的话,脸都有些白了,她没有想到她的路德维希在学校里是这么一个样子,但她又能怎么样呢?在她心里,她对路德维希是否能成为音乐天才并不在意,毕竟她只是一个厨师的女儿,什么天才、神童之类对她来说太过遥远,她希望她的儿子能够快快乐乐、平平安安,长大后即便成为一个厨师,不也一样快乐吗?她觉得,她应该教育教育她的儿子。

玛格达莲娜觉得路德维希的老师挺和善,也很有耐心,这对她来说是一件不错的事情。

路德维希和卡尔回家后,玛格达莲娜叫住路德维希,把老师来家访的事情说了一遍,问他为什么在学校里跟同学打架。

"是他先打我的,还叫我'大头',他先欺负我,还向老师告状,真是一个孬种!"听妈妈一说,路德维希心里很不服气。

"路德维希,我亲爱的儿子,你的同学打你不对,你和同学打架也不对,听妈妈话,以后不要跟别的同学打架了,好不好?"玛格达莲娜把路德维希拉到自己跟前,对他一字一句地说。

"好的,妈妈,我不跟他们打架了。"路德维希看了看妈妈,最终还是低下头去。

"这就好了,以后要好好听老师的话,我觉得你们的老师还是很不错的。路德维希,还有一件事情,你不愿意学算术吗?你的老师说你算术学得不好。"

"我不愿意学,不是,我总是学不会,一算就错了,我的同学说我笨。"

"我的儿子才不笨呢,我的儿子是最聪明的,你只要认真学习,肯定能学会的,对不对?三加四等于几?"

"对,我能够学会,三加四等于八。"

"呵呵,儿子,你又算错了,三加四等于七,儿子,你一定要记住啊。好了,我的路德维希,你现在练一会儿钢琴,你爸爸可能快回家了,说不定还要检查你弹琴的情况,不要让他再骂你。我现在就去做饭,我的儿子肯定都饿了。"

之后,玛格达莲娜去做饭,路德维希开始弹钢琴——琴声又从贝多芬家飘出来,伴随着傍晚的炊烟,一直飘向远方。

冬去春来,秀美的莱茵河又开始丰满起来,绿草茵茵,成群的小鸟在河边呼朋引伴,这里也成了孩子们玩乐的天堂。

路德维希放学后,约翰还不会从宫廷回家,玛格达莲娜总是让路德维希带着二弟卡尔跟伙伴们到莱茵河边玩一会儿。

路德维希领着3岁的卡尔蹦蹦跳跳地来到莱茵河边。河边早就聚集了十多个孩子,他们见路德维希和卡尔到来,嚷着让他们加入游戏。

路德维希先是参加了弹石子的游戏,后来又参加了老鹰捉小鸡的游戏,卡尔跟在他后面乱跑、尖叫。当天渐渐黑下来,路德维希正要准备回家的时候,卡尔被一块石头绊住,一下子摔倒了,趴在地上号啕大哭起来。

路德维希跑过去,把卡尔从地上扶起来,发现卡尔的胳膊和小腿都有些磕破了。路德维希替卡尔擦掉眼泪,就想让他和自己一起回家。但卡尔说什么也不站起来走路,只是坐在地上大哭不止。路德维希试图背着卡尔走路,但没走几步,就背不动了。面包师家的儿子跑过来,看着卡尔哭的样子,哈哈笑着跑开了;其他一些小朋友也跑过来看,有的说卡尔"羞",有的说卡尔"不勇敢",有的甚至跑上前来摸卡尔的脑袋一把,笑着跑开。路德维希看着生气,就追着去打那个摸卡尔脑袋的小孩。一通跑下来,路德维希也累得全身没有力气。

卡尔仍旧坐在地上不肯起来走路,路德维希生气了,试图把卡尔从地上拽起来,拖着他走路。路德维希虽比卡尔大大三四岁,但他本就矮小,卡尔又稍微有些胖,拽着卡尔走路也行不通。

最后,路德维希生气了,对卡尔说:"你不想回家,就坐在这里好了。"说完,就独自一个人回家了。

玛格达莲娜见路德维希一个人回来,就问卡尔怎么没有回家,路德维希说:"卡尔摔倒了,我背不动他,他又不走路,现在在路上坐着哭呢。"

玛格达莲娜一听急了,拉着路德维希的手就往莱茵河边走。到河边之后,见卡尔一个人还坐在那里抹眼泪呢。玛格达莲娜心疼了,一下把卡尔抱在怀里,替他擦干净眼泪。

玛格达莲娜又把路德维希拉在跟前,非常严肃地看着路德维希说:"路德维希,卡尔是你的亲弟弟,你知道吗?他才3岁,一个人坐在路边,你不觉得心疼吗?你是他的哥哥,你有责任照顾你的弟弟,你知道吗?我们都是一家人,一家人要相互照顾,你知道吗?你一定要记住,照顾你的弟弟,是你的责任!"

路德维希从没有见妈妈如此严厉过,他怯怯地看着妈妈,说:"我记住了,妈妈!"路德维希心里有些害怕了,他心中的妈妈从来都是慈祥的、和蔼的,从来不打他骂他的,不知道今天为什么这么凶呢?妈妈说的责任是什么?就是弟弟哭的时候自己一定要照顾他吗?

当天晚上,当约翰又是醉醺醺地回家的时候,他看到路德维希有些发呆,他就气不打一处来,问路德维希琴弹得怎么样,包括管风琴的知识能不能记住等,路德维希仿佛什么都忘了,约翰又一个巴掌扇了过来,打得路德维希眼冒金星。玛格达莲娜又慌忙上前保护路德维希。

当约翰逼着路德维希弹琴的时候,路德维希突然之间十个手指在琴键上疯狂地乱按,强烈的噪声仿佛要把房屋都涨破,惊得约翰连忙去制止。当约翰再次要打路德维希的时候,他看到了路德维希一双愤怒的充满敌意的眼睛,心里一

当贝多芬父亲约翰醉醺醺地回家的时候,他看到贝多芬有些发呆,就气不打一处来,问他琴弹得怎么样,包括管风琴的知识能不能记住等,贝多芬仿佛什么都忘了,约翰一个巴掌扇了过来,打得贝多芬眼冒金星。母亲慌忙上前保护他。

名家名言

婴儿啼哭是世界上最美妙的乐章,是人类最圣洁的乐章。

名家名言

没有一颗善良的灵魂,就没有美德可言。

惊,巴掌竟没有再次打下去。

玛格达莲娜跑过来,把路德维希抱在怀里。路德维希大哭起来。

1778年2月初,有一天约翰从宫廷回到家里来,显得异常兴奋。他进门就冲玛格达莲娜喊:"亲爱的玛格达莲娜,我有个好消息要告诉你。宫廷要组织一场音乐会,而且允许新手去表演,我和艾登给路德维希报名了,他们同意路德维希去演奏钢琴,我的儿子可以出名了!"由于约翰说得太快,以至于玛格达莲娜没有听清楚,约翰又兴奋地重复了一遍。玛格达莲娜经常见到的都是约翰阴沉的脸,这次如此灿烂,实在出乎她的意料,她也挺高兴,细声说了一句:"路德维希可以参加宫廷音乐会了,真是替他高兴。"

宫廷音乐会在3月初,即一个月后举行,具体哪一天还没有确定下来——具体日期要等年老的选帝侯来确定。

约翰在家里翻来覆去地找曲谱,边找边说:"我要给路德维希找一个能够弹好的、能够体现出他音乐神童的曲子让他练习……呵呵,就是这个了,让路德维希这几天练一个协奏曲吧,《罗采梯协奏曲》怎么样?玛格达莲娜,对了,问你你也不懂,就弹这个了,这可是个不错的曲子。"约翰找出曲谱来,简单看了一下,就确定下来。他突然想起一个问题来,对玛格达莲娜大声喊:

"亲爱的玛格达莲娜,有一个非常重要的问题我需要和你商量,路德维希几岁了,你知道吧?"

"怎么问这个问题?路德维希7岁多了,到年底就8岁了,这是个问题吗?"

"这本来不是问题,可现在就是个问题了。你知道,这些年来我一直想把儿子培养成音乐天才,把他培养成第二个莫扎特,一个音乐神童,你知道吧?"

"这个我当然知道了,路德维希每天都在练琴。"

"你知道吗?莫扎特也是在他伟大的父亲培养下才成为音乐天才的,伟大的莫扎特。莫扎特6岁就开始登台演奏了,6岁,你知道吗?我也要把路德维希培养成一个音乐神童,第二个莫扎特,总不能让他快8岁了才登台是不是?以后就说路德维希6岁,一定要说6岁!"

"这不是骗人吗?7岁就是7岁,怎么改成6岁?"

"亲爱的玛格达莲娜,6岁就是6岁!不就是差一岁吗?别人谁也不知道,谁也不在乎,对,就是6岁。"

"这样不好吧?"

"你这个厨师的女儿,头发长见识短,听我的没错——这是我伟大计划的一部分!"

玛格达莲娜见约翰有些生气了,就不再坚持。

约翰找好曲谱之后,就坐在座位上思考起来,他觉得除了要教路德维希弹琴外,还要考虑路德维希登台的每个细节,包括上台鞠躬,包括穿的衣服——要给他做一套像样的衣服,绝不寒碜。

当天晚上,路德维希弹了几首曲子之后,正要准备上床睡觉,约翰走到路德维希床前,满脸笑容地说:"亲爱的路德维希,有一个好的消息我要告诉你,你过几天就可以上台演奏了。我要陪你练习新的曲谱,要给你买新衣服穿,你说好不好?"

"弹什么曲谱?"路德维希抬头看了看父亲,开口问道。

"《罗采梯协奏曲》,我以前对你说过的,好像还教你弹过一次,你还记得吗?"

"还记得一些。"

"太好了,我聪明的儿子,接下来,在你上台演奏之前,就弹这支曲子,只弹这支曲子,要弹得非常娴熟,好不好?"

"只弹这一支曲子,不让我弹别的?那好吧。"

对于登台演奏,路德维希并没有什么概念,他只觉得是弹一个曲子而已,因为他还从来没有登台演奏过。

第二天早上,约翰在上宫廷之前,给玛格达莲娜一张纸条,上面写着:"尊敬的选帝侯,尊敬的各位大人,我叫路德维希·范·贝多芬,今年6岁,是已故宫廷乐长的孙子,我弹的曲子是《罗采梯协奏曲》,敬请指正。"

约翰告诉玛格达莲娜,要让路德维希把纸条上的内容背诵下来,必须一字不误地背诵下来——这是路德维希上台演奏前的开场白。玛格达莲娜把字条上的字仔细地重复一遍,待没有任何错误后,约翰才放心地离开了家。

1778年3月初,经过一个月的反复练习,激动人心的时刻终于到了。

在音乐会的前一天,路德维希穿上了参加音乐会的服装,在约翰的监督下,从上场鞠躬、自我介绍到演奏后离场,一丝不苟地排练了多次。

贝多芬传

宫廷音乐会开始了,这是波恩最盛大的音乐会,选帝侯、宫廷官员、宗教人士以及所有波恩的贵族都坐在了宫廷音乐厅里。

路德维希的演奏排在最后一位。当他上场时,约翰拉着他的手走到台上。路德维希首先向包厢里的选帝侯鞠躬,又向全场鞠躬。他长得本就矮小,在这些大人物看来,简直是一个小个子的精灵走到了台上,选帝侯带头鼓掌,然后掌声热烈起来。他们大都不知道会有这样一个小孩子上台演奏,所以掌声里充满期待。路德维希把约翰准备好的台词背了下来:

"尊敬的选帝侯,尊敬的各位大人,我叫路德维希·范·贝多芬,今年6岁,是已故宫廷乐长的孙子,我弹的曲子是《罗采梯协奏曲》,敬请指正。"

"哦,他是贝多芬乐长的孙子,真是长得有点儿像。"

"又一个小贝多芬。"

观众席上有人在窃窃私语。路德维希从来没有经历过这样的场合,他差点儿想转头走下台去。后来掌声响起来后,他脑中简直是一片空白,他都不知道是怎样走到琴凳旁边坐下的。当他举起双手准备按琴键的一瞬间,掌声停了,所有的人都想听到这个稚嫩的孩童弹出来的是怎样的声音。

当琴声响起时,路德维希的心仿佛突然空灵起来,他手上只有琴键,心中只有乐谱——《罗采梯协奏曲》在路德维希的指间非常流畅地飘扬起来。

当路德维希演奏结束时,全场响起了雷鸣般的掌声。路德维希不停地向场下鞠躬,而约翰压抑不住自己内心的激动,走上台去,举起了路德维希向大家致意。在举起路德维希的瞬间,约翰觉得一条金光大道已经为他铺开。

在当天晚上的音乐会餐会上,约翰醉得一塌糊涂,他觉得自己的付出终于有些回报了。

路德维希在宫廷音乐会上的表现无疑是成功的,约翰想趁热打铁,为路德维希举办一场公开音乐会。在约翰看来,只有把路德维希神童的名号打出去,让人们都知道他是音乐天才,这样才能产生最大的效应。为此,约翰租了一家小型的音乐厅,经过简单地布置与宣传后,3月26日,举办了一场公开音乐会,与路德维希一起演奏的还有约翰的两个学生。应该说,路德维希在音乐会上的表现可圈可点,一些曲目也弹得非常娴熟。波恩的人都知道,贝多芬家出了一位音乐神童。

但"神童"很快就出了问题,由于长时间的集中训练,路德维希仿佛一下子失去了对弹琴的兴趣,他甚至对玛格达莲娜说"再也不喜欢弹琴了",这让玛格达莲娜很担心,很怕路德维希得了什么病症。有一次,当约翰再次强迫路德维希弹琴时,路德维希坚决不弹,即使约翰的巴掌落在路德维希的

|贝多芬传|

身上,也没有什么作用。约翰内心里非常窝火,本来他觉得正一步一步迈向成功,但路上却突然出现一条壕沟,这让约翰心急如焚。

① 你觉得贝多芬小时候可爱吗?
② 你有一个"虎爸"或"虎妈"吗?你如何评价他们?

第三章　内弗的教导

虽然路德维希每天还在练琴,但他就如一头倔犟的小毛驴,不再愿意听从约翰的摆布。约翰打骂也无济于事——当他举起手掌时,他看到的是路德维希执著的、不屈的目光,甚至还有一些轻蔑,这让约翰心里发寒,甚至有些恐惧。但儿子终究是儿子,他的希望还在儿子身上。他祈祷上帝,让路德维希赶快过了叛逆期,重新回到正常的轨道上来。约翰还试图同玛格达莲娜交谈,让她帮着管教一下路德维希。

路德维希现在最开心的事情是跟二弟卡尔一起玩闹,三弟小约翰也能够跟他们一起玩了,虽然跑得不快,但三个小家伙在一起疯的时候,贝多芬家仿佛开锅的水样在沸腾。玛格达莲娜并不觉得吵,她很享受这样的景象——这是她的儿子啊,生龙活虎的儿子。

1778年5月的一个礼拜天,贝多芬家来了一位叫马斯蒂欧的人。约翰知道马斯蒂欧,他是波恩城里最积极的业余音

贝多芬传

乐爱好者,他和家里的 5 个孩子都喜欢而且会弹乐器,听说家里有一间很大的音乐室。

"约翰先生,太太,你们好,我是马斯蒂欧,一个音乐爱好者。"

"你好,马斯蒂欧,我听说过你。"

"今天冒昧来拜访。我知道,您的儿子路德维希是一位神童,是一位音乐天才。我听说他在宫廷音乐会上演出,还举办了公开音乐会。我的儿子们都仰慕他,我今天来是想邀请他到我的器乐室去,教我的儿子弹钢琴,或者说让他们一起交流一下,就两个小时,一会儿再送他回来。"

"你知道我的儿子路德维希?是的,他在宫廷为选帝侯演奏过,也举办了公开音乐会,让他到你的音乐室去,太好了,他正想施展一下自己的才华呢。"约翰听了马斯蒂欧的来意之后非常高兴,这些天路德维希跟他闹别扭,他正不知道该如何调整路德维希的情绪呢。所以,他立即表示同意。

"亲爱的玛格达莲娜,你叫路德维希出来,跟马斯蒂欧先生一起去他的音乐室吧,这是个好主意,他会感到快乐的。对了,你送他去吧,就两个小时。"约翰生怕路德维希不同意去,就让玛格达莲娜送去。

玛格达莲娜把路德维希叫出来,路德维希一听说去跟小朋友一起玩乐器,显得很高兴,当时就同意了。

马斯蒂欧的音乐室是一间大房子,能装下 20 多位乐手,里面有各种乐器,包括弦乐器、管乐器和键盘乐器,这里也是波恩业余音乐人聚会的场所。马斯蒂欧非常崇拜海顿,收集了海顿很多的交响乐。马斯蒂欧有两个和路德维希年龄相仿的儿子,一个大一岁,一个小一岁。

路德维希到了音乐室之后,他没有想到有这么大的房间,有这么多的乐器,显得非常兴奋。他一会儿弹钢琴,一会儿弹管风琴,与两个小伙伴玩得不亦乐乎。马斯蒂欧在旁边看着,笑着把两个儿子叫在一起,对他们说:"这是路德维希先生,他可是我们波恩的神童,音乐天才,已经在宫廷里为选帝侯演奏过了,他将来一定会是个大师,你们要向他学习。"听了马斯蒂欧的话,路德维希腼腆地笑了笑,他可不是什么先生,他只是觉得这里很好玩儿。

在路德维希弹钢琴的时候,马斯蒂欧让两个儿子站在旁边,观察路德维希的指法。路德维希把曲子弹得都很流畅,乐曲动听悦耳,两个小家伙都有些崇拜路德维希了。路德维希只是七八岁的孩子,这种"礼遇"都让他有些飘飘然了。

在音乐室玩了两个小时,路德维希的兴致一直很高,玛格达莲娜看着也很高兴。觉得时间差不多了,玛格达莲娜叫住了路德维希,让他跟马斯蒂欧先生告别。

"贝多芬先生,以后周末你有时间的话就到这里来弹琴,我和我的儿子对你欢迎之至!非常期待你们下次到来。"马斯蒂欧最后说。

在回家的路上,路德维希与妈妈边走边聊。

"路德维希,他们叫你先生呢,我的儿子都成为先生了,真了不起。"

"这里很好玩儿,我以后还要来。"

"好的,以后周末有时间的话就来玩儿。你看,你琴弹得好也有人喜欢,是吧?"

"他们叫我先生哩,呵呵。"

"你琴弹好了,还会有更多的人叫你先生。将来你若像你爷爷一样成为宫廷的乐长的话,会有很多很多的人叫你先生哩。"

"会有很多很多人叫我先生,我还会像我爷爷一样,哈哈。"

"你爷爷好不好?"

"我爷爷当然好了,可他去了天堂了——我知道他是死了。"

"你爷爷让你一定要弹好钢琴哩,还要成为一个音乐家。我也是这样想,你要是成为一个钢琴家,我就是钢琴家的妈妈,我会多高兴啊!"

"真的吗?妈妈,那您就是钢琴家的妈妈、音乐家的妈妈!"

从马斯蒂欧音乐室回家之后,路德维希的态度好了很多,在约翰看来,他的音乐生涯又步入了正轨。

之后有一年多时间,每逢周末,有时间的时候,路德维希都要到马斯蒂欧的音乐室逗留一番。

随着时间的推移,八九岁的路德维希钢琴弹奏得越来越娴熟,乐理知识也逐渐丰富,约翰已经没有能力教路德维希了——因为他会的,路德维希全会,而且比他还要精熟。约翰常常领着路德维希拜访艾登等宫廷乐队的同事以及波恩知名的音乐人,但收效甚微。艾登等人对教导路德维希也感到头疼——他们教的内容对路德维希来说也没有任何挑战。约翰这时候觉得,路德维希能不能成为神童、能不能成为音乐天才他不能够确定,但他们肯定是不会成为天才的老师的。而随着年龄的增长,路德维希成为音乐神童的可能性也在一点儿一点儿消失,这成了约翰心中隐隐的痛。他虽不愿意承认,但却无计可施。他喝酒、酗酒的次数明显增多了。

"艾登,亲爱的艾登,你说我该怎么办?我的路德维希怎样才能成为音乐神童啊?"和艾登在一起喝酒的时候,约翰总是问这样一句话。

1779年夏天,随着一个人来到波恩,路德维希的音乐之路出现了转机。克里斯蒂安·戈特罗博·内弗是大音乐家巴赫的徒孙,知识渊博,在全德国都是有影响的音乐家。内弗到波恩后,担任了宫廷乐队的新音乐经理。在彷徨了两个月之后,约翰终于拉着路德维希的手,敲开了内弗家的大门。

"内弗先生,我是约翰·范·贝多芬,您认识我的,非常冒昧来拜访您。"

"欢迎您,约翰先生,您找我有事情吗?"内弗边说着边请约翰父子进入房间。

"我……我,非常冒昧打扰您,为了我儿子的事情,我又不得不来打扰您。"

"您的儿子,这个小家伙吗?"内弗看了看路德维希。

"我不是'小家伙',我叫路德维希·范·贝多芬,别人还叫我'先生'呢。"同约翰不同,路德维希在内弗面前没有感到一丝的拘束,他非常干脆地开口对内弗说。

"要有礼貌,路德维希!这是内弗先生,是音乐家。"约翰赶紧阻止。

"没有关系,约翰先生,"内弗对约翰说完即低头笑着对路德维希说,"别人叫你'先生',你教他们什么?"

"我教他们弹钢琴和管风琴……"

"内弗先生,这是我儿子路德维希,今年7岁,从小学钢琴和乐理,6岁时就在宫廷音乐会上演奏过,还开过公开音乐会。呵呵,他的音乐天赋很好,别人都说他是神童,以前是我教他的,可是您知道,我是唱男高音的,我想,如果……如果可以的话,让路德维希跟您学习弹钢琴,学习音乐,学习作曲。内弗先生,让路德维希拜您为师,他真的是好材料。"约翰打断了路德维希的话,费了很大的力气才把话说完,显得很难为情。

"哦,是这个样子。路德维希,你用什么来弹琴?"内弗其实已经知道约翰和路德维希的事情,因为宫廷里的乐师都知道约翰的伟大计划。内弗没有接约翰的话说下去,而是继续对路德维希说。

"我用手和……脑袋弹琴,我的脑袋大。"路德维希伸出了手,又晃了晃脑袋。

"好啊,好,用手和脑袋弹琴,今年7岁,就知道这个道理,不简单啊!来,到我的钢琴前面,给我弹一首曲子吧。"内弗说着把路德维希领到了自己的钢琴前面,拿出了巴赫的《钢琴演奏法研究》,递给路德维希说:"你找其中的一段曲子弹给我听——这是学习钢琴的最好教材。"

路德维希看了看递在自己手中的《钢琴演奏法研究》,指着其中的一段对内弗说:"我就弹这一段吧。"他坐在了钢琴前面,看一看乐谱,闭上眼睛略一沉吟,双手即按在了琴键上,琴声从路德维希的指间跳跃出来。

路德维希弹了几分钟后,内弗听着琴声,脸上渐渐露出了笑容。他转过头去对跟在身后的约翰说:"约翰先生,感谢您的信任,我知道您是老乐长的儿子,我很乐意教这个用手和脑袋弹琴的路德维希。"约翰心里松了一口气,他没有想到,内弗竟如此简单地同意了他的请求。

在内弗看来,路德维希虽然长得矮小,但双眼有神,有一种难以言传的异样的神采;钢琴弹得也铿锵有力,在琴声里面蕴含着一种激情——虽初次见面,他竟然有些喜欢这个孩子。就这样,1779年10月,路德维希成了内弗的学生。

内弗为人虽然和善,但是一位严厉的老师。他在全面了解、掌握路德维希所弹乐谱、所学乐理之后,决定从音乐基础知识讲起,他觉得路德维希所学的音乐知识支离破碎,没有形成一个体系——他需要重新给路德维希打基础。他对路德维希说:"路德维希,我必须郑重地告诉你,虽然你学习弹钢琴和音乐已经有几年时间了,但你知道的都是一些皮毛,很肤浅。从今以后,你要忘记你以前所学的东西,我要用巴赫的《钢琴演奏法研究》来教你弹钢琴,同时教你管风琴;我要教你通奏低音,让你学习对位、摹仿和赋格,你也要学会作曲。"

"我以前学的有问题吗?"路德维希有点儿不服气。

"有很大的问题。一个人在音乐上能否得以成就,基础是很关键的一环,就像盖房子,墙基不稳是很危险的事情。"内弗解释说。

"可是我已经学了。"路德维希仍然在坚持。

"你学了就会吗?你学了就对吗?记住,你不是神童,没有人会认为你是神童!这样吧,你在宫廷音乐会上演奏的是《罗采梯协奏曲》,你现在再弹一遍。"内弗生气了。

路德维希不情愿地坐在钢琴前弹起了《罗采梯协奏曲》,弹完之后站起来,看着内弗,想听内弗的评价。

没有想到,内弗也在琴凳上坐了下来,对路德维希说:"你看着,你听着,我弹一遍《罗采梯协奏曲》。"

内弗的十指在琴键上滑动,指法纯熟,而琴声就如从泉眼中涌出来的泉水,充满生机与灵性。路德维希听着琴声,在内弗身上,他渐渐地看到了一种力量,一种热情,一种恍若他内心熟悉的、渴望的力量与热情。路德维希听着听着,竟忍不住流下眼泪来。在内弗面前,他感到了自己的渺小。

内弗弹完之后,脸上已经没有了怒火,他平静地看着路德维希,说:"你钢琴弹得是很不错,但还存在很多的问题。我看重的是你的潜力,只有你的潜能发挥出来,你才能像你父亲希望的,成为第二个莫扎特,我说的,你能够明白吗?"

路德维希点了点头。其实,他并没有全部明白内弗的话,但他知道了内弗弹琴比他弹得好,他要向老师学习。

在内弗的教导下,时间到了1782年年底。在两年多的时间里，内弗倾尽自己全力教导路德维希，而路德维希则如一块璞中之玉，在内弗的精心打磨下，渐渐亮出了它的华彩。在传授音乐知识的同时，内弗的博学严谨、高傲品格以及人生的态度，对路德维希都产生了很大的影响。路德维希与内弗的私人关系也越来越密切。

虽然，路德维希的音乐才能逐渐显露出来，但约翰却更加消沉下去。两年前，约翰还有热切的希望，期待他的儿子路德维希成为万众瞩目的音乐神童，为他带来滚滚的财源。但现在路德维希已经过了10岁，神童的梦想已经如明日黄花枯萎了。约翰虽然还在工作，有时也教两个学生，额外增加一些收入，但他的日子却越来越无聊。1781年，他的老朋友艾登死了，去了天堂，他想起艾登和自己的伟大的培养神童的计划时就忍不住流泪。所以，他酗酒越来越严重，越来越频繁了。

玛格达莲娜依旧辛苦地操持着家务，卡尔和小约翰都已经上学，而这一年路德维希小学毕业了。约翰趁着自己清醒的时候，把路德维希找来说：

"路德维希，你小学已经毕业了，你已经长大了，应该挣钱了。我12岁的时候就是宫廷乐手了，你现在大概也是这个年龄，应该挣钱了。"

"我不用上学了？我……还要上学吧？"

"上学有什么用？你的太爷、你的爷爷、你的爸爸——还有你，都注定了靠音乐混饭吃，内弗先生不是把你教得很好嘛，不用再学其他的了，就要靠音乐来挣钱——我本来想把你培养成神童挣大钱的,现在不行了,但总不能吃闲饭,对吧?你已经长大了。"

"我还不到 11 岁呢?"

"你不到 11 岁?哈哈……"约翰笑起来,"你就听你爸的吧,不用再上学了,就学音乐,我是不会害你的。"

路德维希从此不再上学了。其实,他对学校并没有太多的感情,对学校里所学的东西比如数学很是讨厌,他觉得把那些东西算来算去是很无聊的事情。"既然爸爸不让上学,那干脆就不上好了",路德维希心里想。

约翰有时候让路德维希去替他教他的学生,这对路德维希来说不是难事儿,他应付得轻松自如。

内弗本来想劝路德维希再去上学,但他觉得约翰甚至路德维希都不会同意,就干脆什么也没有说。艾登去世后,内弗又兼任了管风琴师的职位,这使他有时候分身乏术。

"先生好!"路德维希又到了内弗家中。

"路德维希,你来了,太好了。我正想找你呢,大主教告诉我,让我负责教堂仪式中的音乐演奏,我需要一个弹风琴的助手,你愿意做吗?"

"我不喜欢教堂,为什么要在那里弹风琴?"

"你不是受过洗礼吗,怎么不喜欢教堂?你去过教堂吗?"

"我跟随我妈妈去过教堂,我觉得那里怪怪的,不舒服。"

"感到不舒服,就不愿去了?我告诉你,我是新教徒,不是天主教徒,你信吗?"内弗有些神秘地对路德维希说。

"我信,要不我也做新教徒?"

"路德维希,你说的有意思。我们以《圣经》为圣典,我们因信称义,我们因信得以进入神的恩典中,并且欢欢喜喜盼望神的荣耀。"

"路德维希,我说这些你懂吗?"

"不懂。"路德维希老实地回答。

"呵呵,你现在不懂,长大了就懂了。路德维希,我要郑重告诉你一件事情,我们,我和你以及我们周围的人,都是德国人,我们为德国弹钢琴,为德国作曲,为德国生存,我说的这些,你懂吗?"

"这个我懂,我们都是德国人。"

"对,我们是德国人,我们既不属于法国,也不属于荷兰,也不属于意大利,我们要热爱我们的祖国——我希望你能够记住这些。"

"我知道,老师。"

"知道就好。路德维希,我还要告诉你,我们学习音乐,我们弹奏钢琴,绝不仅仅是为了成为一个匠人。当一个匠人,只是为了养家糊口,我希望你将来做一个音乐家,做一个钢琴家,把你的生命在音乐中表现出来。我问你一个问题,音乐是什么?"

"音乐是什么,音乐不只是声音吧?它就像是一个人的生命……"路德维希边思考边说。

"对,音乐绝不只是声音,它是一个人的生命,它是一个人把自己的生命献给上帝的一种形式,所以,它有个性,它是只属于内弗的,只属于路德维希的。"内弗脸上泛着光彩,仿佛在发表着精彩的演说。

"老师,我知道了。"路德维希有些崇拜地看着内弗。

"路德维希,你知道我为什么会教你吗?我觉得你是一个音乐方面的天才。过几天,我要给汉堡的《音乐杂志》写一篇文章,我要重点介绍你。我觉得,我教你的东西,好像你本来就会,我只不过是提醒了你一下而已,你会成为第二个莫扎特的。"路德维希听着内弗的赞扬,有点儿不好意思。

"路德维希,你已经练习作过一些进行曲、变奏曲,但还远远不够。你要多练习作曲,成为一个伟大的作曲家,把自己的生命填充在这些曲谱中,让它们张扬你炫丽的生命。"内弗先生依旧像是在演讲,他为路德维希勾画了一个伟大的前景。

"不过,路德维希,话又说回来,你现在还是可以接受教堂仪式中风琴助手的职位的,不管你喜欢不喜欢教堂。接受这个职位,一方面可以锻炼你,另一方面,也可以挣些钱,虽然不多,这对你父亲来说肯定是一个绝好的主意。"亢奋的思绪消退后,内弗又回到了现实中来。

"好的,我就去教堂弹风琴。"

路德维希到教堂去弹风琴,这让约翰和玛格达莲娜都很高兴。约翰觉得,路德维希虽然没有成为神童,但现在总算有些回报,虽然不多,但强胜无有。玛格达莲娜觉得自己的儿子出息了,她为路德维希感到自豪。

不久以后,内弗又让路德维希在他主持的歌剧演出中做他的副手,演奏数字低音。

在内弗的教导下,路德维希开始作曲(以前在约翰指导下,路德维希曾尝试过作曲,但都不成熟),每一曲成,都得到内弗的指导与鼓励,1782年至1783年间,路德维希创作并发表了《钢琴变奏曲》、三首钢琴奏鸣曲等,一个小作曲家也渐渐显露才华。

1784年2月15日,科隆大主教、选帝侯马克西米连·弗里德里希去世,玛丽亚·特雷西亚女皇最小的儿子马克西米连·弗兰茨即位。马克西米连·弗兰茨酷爱音乐,与莫扎特恰好同龄,两人曾经在维也纳有良好的交往,以至于莫扎特曾经想让马克西米连·弗兰茨做他的"恩主",希望做马克西米连·弗兰茨宫廷乐队的乐长,但这大概是莫扎特一相情愿的想法。

1784年4月份,莱茵河发生水灾,大水漫过了堤坝,冲进了城里,贝多芬家在莱茵河畔的房子首当其冲,他们一家不得不在朋友家借住了一段时间。

马克西米连·弗兰茨上任后,出于对音乐的酷爱,他立即责令官员调查宫廷乐队的现状,并就乐队成员状况进行汇报。马克西米连·弗兰茨想重组乐队。

最近一些天来,内弗的心情还不错。出于对音乐的热爱以及对马克西米连·弗兰茨的了解，他觉得新任选帝侯肯定会在音乐方面有些新举措，会推动波恩音乐进一步的发展。这是内弗乐于见到的事情，他甚至还希望自己能够当上宫廷乐队的乐长。

"路德维希，我听说新任选帝侯很喜欢音乐，听说他跟莫扎特交情不浅，还听说他要改组宫廷乐队，这对我们来说是一件好事情。路德维希，我已经向别人推荐你，我希望你加入宫廷乐队。"

"谢谢您，老师。"路德维希正在弹琴，他听了内弗的话后，停了下来，转身看着内弗说。

"路德维希，其实你已经为宫廷乐队做了很多工作，现在也应该成为宫廷乐队的成员了。你的父亲也肯定会找人推荐你……这些都不是最重要的，关键我们的路德维希很优秀。我这里有一本杂志，你看一下。"内弗从抽屉里找出一本杂志，递给路德维希说，"这是1783年在汉堡出版的《音乐杂志》，你找那篇叫《波恩的科隆选帝侯宫廷及城中的其他音乐家》的文章，你读一下。"

路德维希接过了杂志，找到了内弗所说的那篇文章，读了起来。这篇文章介绍了波恩宫廷乐队以及波恩当地的音乐人，令路德维希没有想到的是，里面还有一段专门介绍他："路德维希·范·贝多芬，是前面说的那个男高音歌手的儿子，如今11岁，是个前途无量的天才。他的钢琴弹得特别纯熟、有力，能很熟练地随看随奏乐谱。总的来说，他弹的大多是巴赫的《平均律钢琴曲集》中的曲目，是内弗先生教给他的。凡是通过键盘知晓这些序曲和赋格曲的人（几乎可以称它们为'无与伦比的'），都知道这意味着什么。只要日常任务允许，内弗先生还教他和声学，现在还训练他作曲。为了鼓励他，内弗先生把他根据一首进行曲写的钢琴变奏曲在曼海姆付印。这个年轻天才需要资助，以便游历。如果他能持之以恒的话，一定会成为第二个莫扎特的。"路德维希读着读着，觉得嘴里有些发干，心也激动地跳起来。

"亲爱的老师，太好了，竟然还介绍我路德维希，说我是莫扎特，说我是第二个莫扎特！我要回家去，把这好消息告诉我的妈妈，她一定会很开心。"

"好吧，天已经不早了，你回家吧。"内弗一直微笑地看着路德维希。路德维希一点一滴的成长，内弗都很清楚，他也感到开心快乐。

接下来的几天，内弗脸上的开心笑容不再，阴云渐渐笼罩在了他的脸上。当路德维希再见到内弗的时候，这个高贵的绅士却正在大发雷霆。

"路德维希，路德维希，我要恭喜你，你成为宫廷乐队的正式成员了！而我，你的老师，却要滚蛋了。你知道的，路德维希，我在宫廷乐队里，是歌剧的经理，我还是管风琴师，现在竟然让我下岗？！真是有恶毒的小人，真是有像魔鬼一样的混蛋，他们嫉妒我，陷害我，说我的坏话，我要去找选帝侯！"

路德维希听着听着，脸色很是苍白，他本来是跑来告诉内弗他正式成为宫廷乐队成员的喜讯的，没有想到，内弗这里出现了问题。

"老师,发生什么事情了?"路德维希有点儿胆怯地问。内弗虽然在教学方面对路德维希很严厉,但其他的事情还很随和,他第一次见到内弗发这么大的脾气。

"哦,对不起,路德维希,这不关你的事情,我不该向你发脾气。你是知道的,选帝侯让人调查宫廷乐队的情况,那个调查官竟然说我的坏话,真是气死我了!路德维希,你是知道的,我来波恩的时候,并不想在这里待很长的时间,我在波恩住下之后,觉得这里的音乐氛围很不错,我又担任了新音乐的经理和管风琴师,有两份薪水,所以我就在这里长期住了下来。另外,还有你,我喜欢的学生。但现在竟然有人陷害我,我要去找选帝侯!路德维希,你今天先回家,过两天再来——我要去找选帝侯!"内弗说完,就出了门。

路德维希返回家中。1784年6月27日,他已经成为波恩宫廷乐队的正式成员了,年薪可达150古尔登——以前他虽在宫廷乐队做事,但一直没有薪水——这本来是令他高兴的事情。母亲玛格达莲娜还在家里张罗酒菜,说要好好庆祝一番;父亲约翰也回到了家中,他也很高兴——他们贝多芬家终于又有人在宫廷里继承他们家音乐的事业了。不过,令路德维希没有想到的是,他敬爱的老师内弗,竟然出现了这种情况。

原来,马克西米连·弗兰茨让人调查宫廷乐队的情况。调查官写了一份报告,其中介绍内弗时是这样说的:"13号克里斯蒂安·内弗,风琴师。如果让我公正地说,这个人实际上应该被革职,因为他对风琴不是特别精通。而且他是外来人,几乎没有什么长处,还是个加尔文教徒。"介绍路德维希时说:"14号路德维希·范·贝多芬,前面说的8号贝多芬的儿子,不拿薪水,在乐长鲁切西不在时弹风琴。他有才能,年轻,演奏时平静而注意力集中,很穷。"选帝侯根据这份报告,在新组宫廷乐队时对成员予以考量,有人建议不再聘用内弗。这对内弗来说,显然是不公平的,也是不客观的。

两天之后,路德维希再去见内弗时,内弗正在弹钢琴。他见路德维希到来,就停下来对路德维希说:

"路德维希,我们的宫廷乐师,原谅我两天前发的脾气,我实在是被他们气坏了。"

"没关系,老师,有人对您太坏了。"

"是,有人实在太坏,不就是因为我平常不巴结他们吗?我去找选帝侯时,选帝侯才知道我是内弗,他说'大名鼎鼎的内弗先生,竟然有人想把你革职,这实在是太有趣了',他还说'我要惩罚陷害你的人,差点儿让我失去了一位有成就的音乐家',我就留下来了。虽然薪水比以前少了,但还能够过日子。这个也可以理解,因为今年发了大水,选帝侯现在资金紧张,以后会好起来的,面包会有的。好了,路德维希,雨过天晴了,太阳依旧灿烂美好,我有我优秀的路德维希,这是谁都没有的。"内弗说得很轻松。

"没有问题就好了,我妈妈还很担心您呢。"

"哦,善良的玛格达莲娜,谢谢你的妈妈。呵呵,咱们还要学习,最近你还要作曲,我今天要留给你一个作业,你回家后自由发挥,写一个曲子给我。今天,我要给你介绍一部轻歌剧,过来,你先弹一下。"

在内弗的指导下,路德维希开始练习一部叫《丰收的节日》的轻歌剧。

"路德维希,你觉得这部作品怎么样?"内弗问。

"这部轻歌剧吗? 我觉得……还可以吧,主题突出得很集中。"

"只是可以吗?"内弗又问。

"不是可以吗? 这部歌剧其实很一般。"路德维希说得有些刻薄。

"我的学生,我的路德维希,这部轻歌剧是我的老师约翰·亚当·希勒的作品。你知道吗? 希勒是我们德国伟大的作曲家,我们德国的,不是意大利的,不是法国的,希勒为我们德意志在音乐舞台上赢得了一席之地,你要喜欢德国的音乐——我以前多次给你讲到的。"内弗对路德维希说。

路德维希觉得有些不好意思,他没有想到这部轻歌剧还有如此的意义。接下来,路德维希平心静气,开始练习钢琴曲。

几天之后,路德维希创作了一首钢琴协奏曲。内弗接过来,从头到尾仔细看了一遍,他皱起了眉头。

"这是你写的吗?"

"内弗先生,是我写的,我用了三天工夫。"

"认真写的?"

"当然是认真写的,有问题吗?内弗先生。"

"我觉得有问题,你创作的这个曲子能弹吗?"

"能弹啊,E大调,有些难度。"

内弗坐在了钢琴前,摊开双手,弹起了路德维希创作的这首钢琴协奏曲,但弹得生疏甚至不连贯,内弗皱着眉头,对路德维希说:"你看,我弹得很费劲儿,这中间缺少一种东西,我也说不出来,至少是不流畅。"

"内弗先生,让我来弹一次你看吧,我觉得弹起来还可以,不费劲儿的。"路德维希坐在了钢琴前,叉开十指,果断地按在了琴键上——琴声流畅自然,毫无生疏艰涩之感。

"啊,我的伟大的路德维希,这是你弹出来的音乐吗?比我弹得强多了,尤其是在这双音演奏和经过句上,我的大手都很难操作,你的小手竟能够如此流畅地弹奏出来!"内弗毫不掩饰地夸奖起来,"路德维希,你真是音乐天才,这样的曲子都能弹得如此流畅,你已经在钢琴弹奏方面超过我了。"

"内弗先生,谢谢您的夸奖。"

"你不要太得意,钢琴协奏曲中纯音乐的东西不多,以后你更多地练习作曲吧。弹钢琴我是教不了你了,哈哈……"内弗开心地笑起来,"路德维希,我想起了一件事情,前几天你在教堂演奏时,是不是跟海勒先生打赌了?"

"呵呵,打了一个赌,闹着玩的。"

"只是闹着玩吗?有点恶作剧啊,你在你的管风琴上弹出那么复杂的伴奏,让可怜的海勒先生跟着唱,他怎么唱呢?

贝多芬传

他可是唱了半辈子的耶利米哀歌啊,好不容易才跟着唱下来,哈哈。"

"内弗先生,我其实并没有太过分。我是按乐谱弹的,他也有乐谱,他是觉得我伴奏不出来,故意给我出难题呢——我弹了出来,他反而不知道该怎么唱了,不怨我吧?"路德维希辩白着。

"是不怨你。这么难弹的伴奏都没有难住你,只能怪海勒先生不知道路德维希的厉害,哈哈……"内弗又开心地笑起来。

阅读思考

① 贝多芬的父亲约翰想把贝多芬培养成第二个莫扎特,内弗先生称赞贝多芬可以成为第二个莫扎特,这二者之间有什么不同吗?

② 内弗先生是一位好老师,聪明的同学,你觉得应如何处理老师跟学生之间的关系?

第四章　波恩的友情

路德维希成为选帝侯宫廷乐队最年轻的管风琴师,这在波恩城里产生了很大的反响。几乎所有波恩人都知道,贝多芬家有一个叫路德维希的儿子,一年可挣150古尔登——路德维希成了很多孩子学习的榜样。

玛格达莲娜虽然为路德维希感到骄傲,但她的身体却一天天坏下去。她得了严重的肺病,经常干咳、发烧,浑身没有力气。而约翰对她毫不关心,不闻不问,仿佛她的死活与他毫无关系——约翰觉得自己的生活已经没有什么指望了,他的嗓音不再,虽然还在宫廷乐队任职,但演出的任务已经不多;以前,他还在社会上教一些声乐课,赚些花费,而现在由于他经常酗酒,每天都是醉醺醺的状态,愿意跟他学习的孩子基本上也已经没有了。虽然,约翰总是对别人说:"路德维希,最年轻的宫廷乐师,今年才12岁,是我的儿子,他从小是由我来培养教育的,我的教育是行之有效的。真的,只要让我教,将来肯定会像我儿子一样。"但是,很少有人能够相信他的话。他现在也已经不打路德维希了,一方面因为路德维希是宫廷的管风琴师,地位比他还高,他在儿子面前已经没有什么威严;另一方面,路德维希已经长大了,虽然有时候他喝了酒之后还恶语相向,有时候还想打路德维希,但路德维希跑得比兔子还快,转瞬之间就跑掉,他想打也打不到了。

路德维希对母亲的病非常忧心,在宫廷演出结束或在内弗家上完课之后,就匆匆跑回家里陪伴着母亲。卡尔和小约翰都在上小学,他们继承的是父亲约翰的基因,在家里就只知道玩闹,只要不给母亲添麻烦就万事大吉了,所以,母亲需要路德维希。

一天,在宫廷乐队演出结束之后,路德维希拔腿就往家里跑去。在拐过墙脚时,跟一个人撞了个满怀。由于路德维希长得矮小,跑的速度又比较快,一下子就给"弹"到了地上。

"摔得怎么样?疼不疼?"来人上前,把路德维希扶起来,替他掸一掸身上的尘土。

"对不起,瓦尔德史泰因伯爵,我撞到您了。"路德维希站起身,见是伯爵大人,赶忙道歉。

"啊,是路德维希,内弗先生多次跟我说起过你,你跑得这么快,着急干什么去啊?"瓦尔德史泰因伯爵与内弗多有交往,内弗多次跟他说起路德维希的事情,他对路德维希神童的名声,还是比较清楚的。

"伯爵大人,我妈妈病了,我要回家,找人给她看病。"

"什么病?严重吗?"瓦尔德史泰因伯爵二十多岁,英俊帅气,是选帝侯的心腹,天生一副热心肠。

"伯爵大人,我妈妈的病很严重吧,总是咳嗽、发烧,总是不好。"路德维希如实回答。

"是这个样子啊……宫廷里有一位实习医生,叫弗兰茨·格哈德·魏格勒,让他去给你妈妈看看病吧。"瓦尔德史泰因伯爵多次看过路德维希的演出,非常欣赏路德维希的才华。他自己也是一位音乐爱好者,能够演奏甚至作曲,有一些亲戚朋友在维也纳,都热爱音乐。在他看来,路德维希如果有机会得到锻炼,很可能成为一位音乐大师。

"伯爵大人,谢谢您!我还正不知怎样才能找一位好医生呢。"路德维希心里非常感激。

"路德维希,不用谢我,我应该给你一些帮助,"瓦尔德史泰因伯爵微笑着说,"走吧,我带你去找弗兰茨·格哈德·魏格勒。"

身处患难之中的人,如果能够得到别人无私的帮助,那么他的感激之情是无法用言语表达的。路德维希就是这个样子,他诚惶诚恐地跟在瓦尔德史泰因伯爵身后,一起去找弗兰茨·格哈德·魏格勒。

"魏格勒,我们宫廷乐师路德维希的妈妈病了,你去帮她看看病吧。"瓦尔德史泰因伯爵见到魏格勒时说。

"路德维希,你好,你妈妈哪里不舒服?"魏格勒看了路德维希一眼,连忙问道。魏格勒其实比路德维希大不了几岁,十八九岁的样子,他在宫廷实习,即将成为一名真正的医生。

"我妈妈肺部不好,经常咳嗽、发烧,浑身无力。"路德维希又把母亲的病情说了一遍。

"伯爵大人,那就让我去路德维希家一趟吧,我一定尽心尽力来治疗。"魏格勒听了路德维希的话之后对瓦尔德史泰因伯爵说。

"好的,以后路德维希妈妈的治疗就由你来负责吧,尽力来治疗。"瓦尔德史泰因伯爵在路德维希和魏格勒离开之前说。

在贝多芬家里,魏格勒见到了路德维希的母亲玛格达莲娜,她吃力地靠在床上,不停地咳嗽。在魏格勒看来,这个家庭很穷,家里没有几件像样的家具,大概家里有一些时间没人收拾了,不太干净,尤其是孩子的几件玩具东一个、西一个,杂乱无章。魏格勒在路德维希的眼中,看到了儿子对母亲的热爱与担忧——那是一个儿子对母亲的崇高的感情,他的心里一下子感动起来。

路德维希把玛格达莲娜扶起来,让魏格勒检查一下身体。

魏格勒检查后,对路德维希说:"你妈妈身体太虚弱,我给你开一个药方,你先买些药,给你妈妈吃下,补一下身体。我回去要跟我的老师仔细研究一下你妈妈的病情,再制订详细的治疗方案。"魏格勒开了一个药方,递给路德维希。路德维希下意识地摸了一下口袋,便抬眼望着玛格达莲娜。

"咳咳,魏格勒医生吧,我的病是治不好了,不要浪费钱了。"玛格达莲娜边咳边说。

"不,妈妈,您要安心治病,不要担心钱的事情。"路德维希接口说。

"玛格达莲娜妈妈,您放心吧,您的病没有什么大问题,您要放心治疗。"魏格勒说。

魏格勒在离开贝多芬家时,路德维希送出门来,他对魏格勒满怀着感激,连声说着感谢的话。

"路德维希,以后我会经常来给你妈妈治病的,你需要我的帮助吗?如果有需要的话,尽管对我说,我很乐意效劳。"魏格勒说。

"谢谢您,魏格勒先生,如果有需要的话,我一定找您帮忙。我妈妈病得很厉害,希望您能治好我妈妈的病。"路德维希满怀着感激对魏格勒说。

"路德维希,你放心吧,以后我有时间的话,就到你家里来。"魏格勒在离开路德维希时说。

"妈妈,家里还有钱吗?"路德维希送走魏格勒后问玛格达莲娜,他准备出去给妈妈买药。

"家里没有多少钱了,瞧,这里还有10个古尔登,咳咳。你爸爸整天在外面喝酒,挣的钱都喝酒了,拿回家的钱越来越少,咳咳,真是要命的病啊。"

"妈妈,您不用担心,等我挣钱给您治病。"

"亲爱的路德维希,好儿子,我知道你对妈妈好,咳咳。"玛格达莲娜说着流下眼泪来。

"妈妈,您不要哭,我这就出去给您买药去。"路德维希差点儿流下眼泪来,他转身到街上买药去了。

之后,魏格勒只要有时间,就到贝多芬家里来,他和路德维希成了好朋友。他同他的老师为玛格达莲娜制订了详细的方案,并一直督促着玛格达莲娜吃药。

一次魏格勒离开贝多芬家时,对路德维希说:"路德维希,你妈妈经过这一段时间的治疗,已经好了很多,但这种病还需要很长时间的治疗。我知道你家的情况,我是说,长时间治疗你妈妈的病,需要很多的金钱,虽然瓦尔德史泰因伯爵资助了一些——他对你可真好,但这还是不够的。你知道的,我是说,你愿不愿意挣些钱呢,比如给贵族家的孩子上钢琴课,你现在在波恩名声很大,贵族家会乐意请你的。"魏格勒说这个问题时显然是小心翼翼,他生怕伤害了路德维希的自尊心,引起路德维希的不满。

"魏格勒先生,我知道您的好意。我非常乐意做这样的事情——以前我还帮我爸爸上过这样的课呢,我还教过马斯蒂欧先生家的孩子,再说我妈妈治病也需要钱,如果有合适的人家的话,请您帮我推荐一下。"路德维希高兴地说,他真的是需要钱为妈妈治病。

"路德维希,你同意就太好了。我跟宫廷女枢密官冯·布洛宁夫人一家很熟,她家里有一个女孩、一个男孩,女孩叫艾里奥诺·冯·布洛宁,只比你小一岁;男孩叫克里斯朵夫·冯·布洛宁,他们在学钢琴,希望找人教他们,路德维希,你看怎么样?我已经跟他们说好了,只要你愿意就行,薪水比较优厚。"魏格勒向路德维希介绍说。

"这太好了,一方面我可挣些薪水,另一方面我也可以了解一些贵族家的情况。我愿意,魏格勒先生,非常感谢您!"路德维希真心地感谢魏格勒。

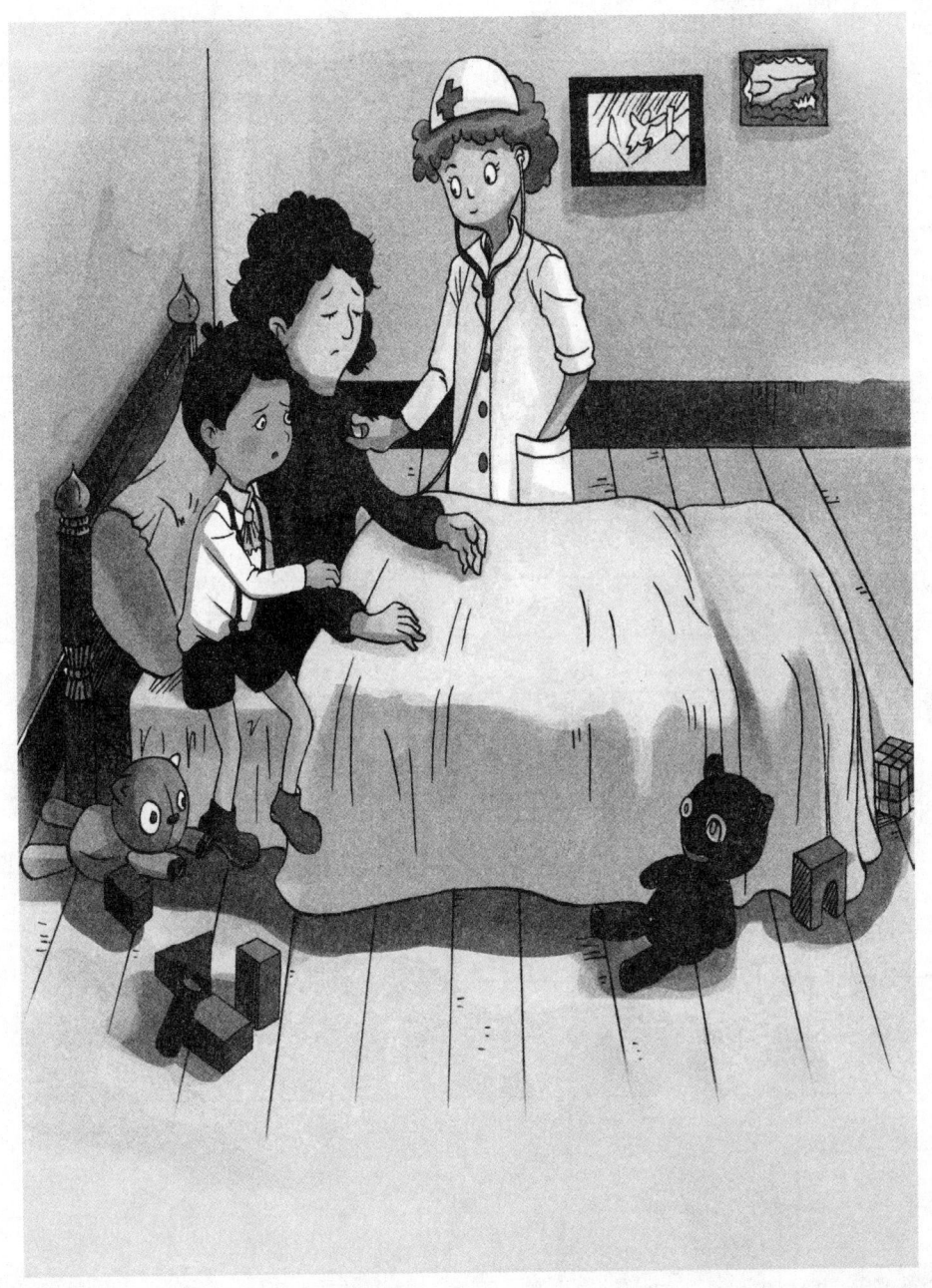

贝多芬母亲生病了,她靠在床上,不停地咳嗽。贝多芬把母亲扶起来让魏格勒医生检查身体。在魏格勒看来,这个家庭很穷,家里没有几件像样的家具,大概家里有一些时间没人收拾了,不太干净,尤其是孩子的几件玩具东一个、西一个,杂乱无章。

名家名言

我爱自由甚于一切——即使在皇座面前，我也不会背弃真理。

名家名言

音乐是比一切智慧、一切哲学更高的启示，谁能渗透我音乐的意义，便能超脱寻常人无以振拔的苦难。

这些天来，瓦尔德史泰因伯爵资助了路德维希一些钱，让他给母亲治病。路德维希对瓦尔德史泰因伯爵怀有真诚的感激，在他最需要帮助的时候伯爵大人伸出了援助之手，不仅伯爵大人如此，魏格勒医生亦是如此。这两个人物，后来都成为路德维希一生的朋友。

魏格勒领着路德维希到布洛宁夫人家中。布洛宁夫人的丈夫已经去世，她独自抚养着两个孩子，他们家是大贵族，庭院非常气派。除了选帝侯的宫廷，这是路德维希去过的最豪华的院落了。

"路德维希，你好，欢迎你到我们家来。这是我的女儿艾里奥诺·冯·布洛宁，这是我的儿子克里斯朵夫·冯·布洛宁，你未来的学生。"布洛宁夫人一家都在等候路德维希和魏格勒。

"布洛宁夫人，您好！非常荣幸到您家里来。"路德维希初次见到布洛宁，没有感觉到生疏，反而有一种亲切的感觉。在路德维希看来，布洛宁夫人三十多岁的样子，一身贵妇的打扮，显得雍容华贵，脸上洋溢着和善的笑容。

"艾里奥诺、克里斯朵夫，这是你们的老师，路德维希先生。今后他教你们弹钢琴，他可是选帝侯宫廷乐队里最年轻的乐师，才12岁，不只钢琴、管风琴弹得好，还会作曲，已经有几首曲子发表了，他是你们的榜样，你们要好好跟路德维希先生学习。"布洛宁夫人转过头去对自己的两个孩子说。

"路德维希先生好！嘻嘻，我们都知道路德维希。"艾里奥诺和克里斯朵夫看上去都很活泼，他们对路德维希并不排斥。

"你们好，很高兴认识你们。"路德维希说话的时候，显得有些拘谨，他忽然觉得自己和眼前的两个孩子之间的不同——他们都衣着华丽，脸上洋溢着快乐的笑容；而路德维希自己，身上的衣服已经很长时间没有洗，脏兮兮的，长得也矮小——他和他们实在是不同的人。

"我和他们……不同就不同吧，他们还得向我学习钢琴呢。"路德维希心里暗自想。

从此，路德维希就在布洛宁夫人家中教授艾里奥诺和克里斯朵夫弹钢琴。布洛宁一家都很热情，都很欢迎他，路德维希并没有受到歧视，这一点对他来说是最重要的。艾里奥诺和克里斯朵夫以前都学过钢琴，有着良好的基础，路德维希教他们并不费力。

布洛宁夫人特别看重路德维希。她觉得，路德维希在音乐方面绝对是个可造之才，是个神童，将来会成为一位音乐大师。"路德维希将来的成就一定不可限量，他会成为音乐大师的。"布洛宁夫人对她的朋友们说。

很快地，路德维希就融入到这个家庭里，有时候路德维希觉得在布洛宁家也有一种在自己家的感觉，除了照顾母亲和跟内弗先生学习音乐外，他有很多时间都待在布洛宁家里。

"路德维希，天色不早了，说不定你家里人已经吃完晚饭了，你留下来，一起吃晚饭好不好？"路德维希教完钢琴课，准备回家的时候，布洛宁夫人对他说。

"这……好的，布洛宁夫人，感谢您的邀请。"路德维希爽快地答应了。

布洛宁夫人家里有专门的厨师,做的饭菜都很可口,每顿饭都能有些精美的食物,如鸡肉、猪肉等,这是路德维希在家里吃不到的,路德维希吃得很香甜。

"路德维希,多吃一些肉,你长得太瘦了。"布洛宁夫人不停地为路德维希夹菜。

路德维希吃得有些快,有点儿不好意思地看着布洛宁夫人。

艾里奥诺看着路德维希,不知她在想什么。

"路德维希,吃饱了?再坐一会儿,喝点儿水……路德维希,我知道你有音乐才能,我想对你说,音乐也需要有其他的知识来支撑,比如文学,包括小说、诗歌等,它们的艺术感受力是相通的,你以后要多看一些诗歌、小说,尤其是多看一些德国的诗歌和小说,对你的音乐肯定会有很多的好处。"布洛宁夫人吃完饭,看着路德维希,就像一位母亲看着儿子一样,开始和路德维希聊天。

"您说得对,夫人,我上完小学之后就没有再上学,读书很少,我以后要多看书。"路德维希诚实地回答。

"我家书房里有很多的书,你有时间的话,就到书房里读书吧,我让艾里奥诺和克里斯朵夫和你一起读书。"

"谢谢您,夫人。"

"不用谢我,以后你在这里就像在自己家里一样,你和艾里奥诺和克里斯朵夫就像兄妹、兄弟一样——你就把这里当成自己的家。"布洛宁夫人看着路德维希,眼里闪烁着慈祥的光芒。她很喜欢这个孩子,在他的身上,她感到有一种不同于别的孩子的气质。

当天晚上,路德维希回到自己家里,对约翰和玛格达莲娜说在布洛宁夫人家吃了晚饭。约翰眼里放着光,对路德维希说:"儿子,你在宫廷女枢密官家吃饭了?在大贵族家吃饭了?我一辈子也没有这样的经历。儿子,布洛宁夫人是大人物,你要好好跟他们相处,对你有好处的。"约翰的话语里充满了艳羡。玛格达莲娜对路德维希说:"布洛宁家是贵族,你在那里要守规矩,要有礼貌,多像他们家的孩子学习礼节,不要让人家看不起。另外,你要感谢瓦尔德史泰因伯爵和魏格勒,他们都是好人。"在魏格勒精心地调理下,玛格达莲娜的身体好多了,又能辛苦地操持家务了,玛格达莲娜内心里对瓦尔德史泰因伯爵和魏格勒充满着感激。

之后,路德维希一有时间就到布洛宁夫人家的书房里读书,阅读了大量的文学作品。

生活中总是有些小插曲。虽然路德维希在布洛宁夫人家里其乐融融,但有时也会出现一些小意外。有一次,路德维希和艾里奥诺、克里斯朵夫一起读书,大概是克里斯朵夫读了一篇关于厨师的文章,就问路德维希:"路德维希,厨师是不是都是由下人担任的,你说我能不能当厨师?"

"下人?什么是下人?"路德维希的脸色变得有些难看。

克里斯朵夫低着头,并没有发现路德维希脸色的变化,说:"下人,就是那些种地的农夫、伺候人的仆人等等啦,反正不是贵族了。"

"贵族?什么是贵族?就你是贵族,我是下人!"克里斯朵夫那句话触动了路德维希敏感的神经,他的脸一下子涨得通红,从座位上站起来指着克里斯朵夫大声说。

艾里奥诺坐在一边,脸色都有些吓白了。

"你怎么了?有毛病啊?我又没有说你,你是农夫吗?你是仆人吗?你是伺候人的下人吗?"克里斯朵夫本是无心之言,没有想到遭到路德维希的攻击,他也毫不示弱,从座位上站起来予以反击。

"你说谁有毛病?你才有毛病呢,你是贵族还想当厨师。"

"你真是有毛病,我又没有说你!"

"你说谁也不行!"路德维希越说越激动,冲到了克里斯朵夫面前,推了他一把。克里斯朵夫虽然长得不比路德维希矮，但年龄毕竟小了好几岁，一下就被路德维希推倒在地上，艾里奥诺赶紧过去把弟弟扶起来。

这时候，布洛宁夫人听到他们的争吵声，急忙赶了过来，制止了他们间的争吵。

"克里斯朵夫、路德维希，你们俩都站好了！不管你们出于什么原因，打架总是不对的，先都站几分钟。"布洛宁夫人说。

"我不在这里了，我要回家！"路德维希说着就要往外走。

"站住，出了问题就想逃避，这是懦夫的行为！路德维希，我们都很爱你，但决不能纵容你。"布洛宁夫人严厉地说。

路德维希站住了。

几分钟后，布洛宁夫人先让克里斯朵夫说事情的经过。

克里斯朵夫说："我看了一篇文章，讲的是关于厨师的故事，我想当厨师，就问他厨师是不是下人做的，没想到他就生气了，还打我。"

布洛宁又让路德维希说明情况。路德维希说："他说我有毛病。"

布洛宁夫人大致弄清了事情的原因。她对克里斯朵夫说："你先在这里站着反思，做一个贵……做一个人，首先要有礼貌，什么情况下也不能骂人。"布洛宁怕刺激路德维希，赶紧改口。

"路德维希，你跟我到客厅里去。"路德维希跟着布洛宁夫人到了客厅。

布洛宁夫人说:"路德维希,我们这个社会有贵族,有平民。贵族并不是因为有钱、生活好就是贵族,贵族首先要有教养、有礼貌,要懂得做人的道理。路德维希,你有音乐天才,你待人真诚,你热爱你的母亲,这些都是你的优点,将来要成为一位音乐大师,你还要有贵族的教养,要有思想。一个人可能通过自己的努力,改变自己的境遇,不管贵族也好,平民也罢,都要努力地完善自己,这样一个人才活得有意义。一个人的出身不能改变,但他可以把握自己的人生,路德维希,我说的话你懂吗?请记住我说的话。"

听着布洛宁夫人的话,路德维希流下了眼泪。他从小到大,受了太多的委屈,以至于他的心灵太过敏感。布洛宁夫人替路德维希擦了眼泪,把他搂在了怀里,对他说:"男子汉,不哭!你和克里斯朵夫都是我的好孩子。"

"布洛宁夫人,对不起,我错了。"路德维希说。

"路德维希,你先在这里待几分钟,我去看一眼克里斯朵夫。"说着布洛宁夫人走了出去。

在书房里,布洛宁夫人对克里斯朵夫说:"你是贵族的后代,你有贵族的血统,你有好的生活,但你怎么能张口就骂人呢?路德维希的母亲是厨师的女儿,他不是贵族,他家里穷,但他是一个音乐天才,有杰出的音乐才能,你刚才说的话,无意间刺激了他,你知道吗?你更不该骂他'有毛病',一会儿你要跟路德维希道歉,知道吗?你们仍然是好朋友。"

克里斯朵夫小声说:"妈妈,对不起,我知道错了。"

|贝多芬传|

在布洛宁夫人的调解下,路德维希和克里斯朵夫不但和好如初,而且关系比以前更亲密了。

① 瓦尔德史泰因伯爵和魏格勒医生是贝多芬的好朋友,你觉得他们给了贝多芬怎样的帮助,这对贝多芬的成长起到了什么作用?

② 你有好朋友吗?你觉得什么样的朋友才是真正的好朋友?

第五章　莫扎特是神吗？

在魏格勒的不懈努力下,玛格达莲娜的身体好起来了,并且还再次怀了孕,1786年又生了一个小女孩。贝多芬家本就不富裕,约翰酗酒,玛格达莲娜的身体需要调理,如今又多了一个人吃饭,贝多芬家的日子过得有些困难,好在路德维希把挣的钱全部拿回家来。

几年来,路德维希还一如既往地跟着内弗先生学习音乐,现在更多的是侧重作曲方面的培养。路德维希一直跟布洛宁夫人家保持着亲密的关系,他还教艾里奥诺和克里斯朵夫弹钢琴,一有时间他就跑到布洛宁家里去。他常常在布洛宁家吃饭,有时还会在布洛宁家里过夜——他们简直如一家人了。

1787年初,路德维希又到内弗家上课。令他想不到的是,他刚见到内弗,内弗就一把抱住了他,差点儿没把他抱起来,这让他很诧异——这在以前可是从来没有的事情。

"路德维希,有一个天大的好消息等着你,你的运气来了!"内弗脸上洋溢着快乐的微笑。

"内弗先生,什么好消息让您这么高兴?"

"路德维希,是关于你的好消息、好运气,你知道吗,选帝侯要派你去维也纳,让你去拜莫扎特为师,亲爱的路德维希,你就要成为大师的学生了。"

"内弗先生,您说什么,莫扎特?"

"路德维希,这是真的,你很快就可以去维也纳了,选帝侯在这里还继续给你薪水,还给你特别资助让你去维也纳,去跟莫扎特学习,真是天大的好事情。"

"这竟然是真的,我要去维也纳,去跟莫扎特学习?这竟然是真的!"路德维希大概做梦都没有想到,他有一天会师从莫扎特。

内弗先生告诉路德维希,选帝侯马克西米连·弗兰茨与莫扎特有着良好的私人关系,为了提高波恩宫廷乐队的水平,为了加强波恩与维也纳音乐间的联系,他决定出资派人去维也纳学习,而且是跟音乐大师莫扎特学习。瓦尔德史泰因伯爵强烈推荐路德维希,他认为路德维希是个天才,是个可造之才,如果加以培养,肯定会成为音乐大师。马克西米连·弗兰茨觉得其他人选都不合适,就同意了瓦尔德史泰因伯爵的建议,决定派路德维希去维也纳。内弗恰好也在宫廷,瓦尔德史泰因伯爵先把消息告诉了内弗。

路德维希好像在做梦一样。他从小就在父亲约翰的灌输下,把莫扎特看作神一样的人物。"成为第二个莫扎特",

这可是父亲整天挂在嘴边的一句话,为此他小时候挨了不少的打。以前内弗先生在一篇赞扬他的文章里,也把他比作"第二个莫扎特",所以"莫扎特"三个字在他心中根深蒂固。而随着年龄的增长,成为神童莫扎特、成为音乐天才莫扎特已渐渐失去了光彩,成了他心中仰之弥高的残存的梦想,而如今他竟然可以成为莫扎特的学生,心里异常高兴。

路德维希想赶快回家把这个好消息告诉他的母亲。但他一想到母亲的时候,心里隐隐疼了一下——在魏格勒的治疗下,母亲身体本已好转,但自从生了小妹后,虽说没有出现什么意外,但会不会痊愈呢?路德维希激动的心很快沉了下去,该不该去维也纳呢?

内弗看出了路德维希情绪的变化,就说:"路德维希,你怎么了,不高兴了?"

"内弗先生,我没有不高兴,我还想把这消息赶快告诉我的妈妈,告诉布洛宁夫人呢。只是我妈妈身体不太好……"路德维希表情中有些忧郁。

"你的妈妈,贝多芬太太,她身体是不怎么好,但魏格勒医生一直在给她治疗,没有问题的,你放心好了。再说,这可是千载难逢的机会,你作为一个有杰出音乐才能的、有深厚发展潜力的年轻人,千万不能错过了机遇。"内弗先生劝说道。

"这些我知道,谢谢您内弗先生。等我回家跟我父亲、母亲说一下吧。"

上完课之后,路德维希回到家里,见父亲约翰和母亲玛格达莲娜都在家,就说了选帝侯出资安排他到维也纳跟莫扎特学习的事情。

"竟有这样的事情?真是太令人惊奇了,路德维希,你不愧是我贝多芬家的儿子!"约翰跳起来,抱住了路德维希,亲吻路德维希。他这一辈子的梦想就是想让路德维希成为神童,成为第二个莫扎特。现在路德维希已经成为神童了,但意外地竟可以成为莫扎特的学生,这也足以说明他的努力没有白费,这也是目前状况之下对他最好的回报了。

"上帝保佑你,路德维希,我的儿子要到维也纳去了,要成为大人物了,这可实在是一个令人高兴的事情。"玛格达莲娜也亲吻了儿子。

"可是,妈妈,您的身体怎么办呢?您的身体不好的话,我去维也纳也没有什么意义。"路德维希还是担心妈妈的身体。

"亲爱的路德维希,你放心吧,我的身体好着呢。"母亲宽慰路德维希。

"什么?路德维希,你想不去维也纳吗?这可是做梦都没有的好事!你简直……让我失望透顶。"约翰本来想骂路德维希"混蛋透顶",但想到儿子即将是莫扎特的学生了,就改了口。

"魏格勒医生经常来看我,我的身体没有问题的。"母亲接着说。

"好的,我再考虑一下。"路德维希说。

"路德维希,以后我保证照顾你的妈妈,我保证不喝酒了,把薪水都拿回来,这下行了吧?你可以安心去维也纳了吧?没问题的,有你爸呢,你不用再考虑了。再说,选帝侯要付莫扎特先生一大笔学费的,你不去了有多可惜?!"约翰说。

接下来,路德维希把消息告诉了布洛宁夫人一家,又告诉了魏格勒医生,他们都祝贺他,并坚定地支持他去维也纳。

路德维希还找到瓦尔德史泰因伯爵,向伯爵致谢,并请伯爵转达他对选帝侯的感谢。伯爵说,他在维也纳有一些亲戚朋友,可为路德维希在维也纳的生活提供帮助。

路德维希在经过一段时间的思考之后,最终决定离开波恩,到维也纳去跟莫扎特学习。

1787年4月7日,路德维希在经过长途颠簸之后,赶到了维也纳。在瓦尔德史泰因伯爵的帮助下,路德维希住在了他亲戚的家里。而在离开波恩之前,选帝侯给了路德维希一封致莫扎特的手函,路德维希将凭此介绍信去见莫扎特。

维也纳的春天正是一年中最好的季节,莺啼燕舞,分外妖娆。路德维希走在维也纳的大街上,既兴奋又紧张。他对于见到莫扎特,满怀期待,满怀憧憬,这位他从小就知道的、享誉波恩、享誉德国甚至全世界的音乐大师,会给他怎样的惊喜呢?莫扎特会是什么样子呢?上帝既然赐予了他卓越的音乐才能,大概对他的容貌也不会吝啬吧?应该是金发碧眼,雍容华贵,相貌堂堂,说不定有着令女人都嫉妒的容貌呢。在见面时会是什么样子呢?莫扎特会不会不答理自己,那该是多么的尴尬!但也说不准还和自己拥抱呢,说"亲爱的路德维希,欢迎你到维也纳,欢迎你成为我的学生"……路

贝多芬传

德维希想入非非。

根据瓦尔德史泰因伯爵的提示,路德维希在维也纳大街上转了几个弯,在路人的指引下,找到了莫扎特的住处。那是一个独幢的房子,周围长满了绿草,修剪得比较整齐。

一个模样瘦小的男子坐在房子前面的石桌前,悠闲地闭着眼睛,晒着太阳,路德维希赶紧上前询问。

"请问,这里是莫扎特先生的家吗?"路德维希向男子弯腰致意,并把选帝侯的介绍信递给了他,"我是波恩的路德维希,来拜访莫扎特先生。"

那人从座位上站起来,看了看手上选帝侯的信函——上面有选帝侯马克西米连·弗兰茨的印章,又看了看路德维希,说:"呵,路德维希,你就是路德维希。你好,路德维希,我就是莫扎特。"莫扎特嗓音虽有些尖,但语速平稳而又平静地说。

"您说什么?您就是……莫扎特先生!"路德维希显然感到非常惊讶。在他眼前的这个瘦小的男子,满头金发,发辫梳理得很别致;脸色白皙,但没有一丝血色,仿佛有着先天的不足;整个身体显得瘦弱单薄,仿佛有些弱不禁风——"这就是莫扎特,上帝保佑!"路德维希在心里暗暗叫了一句,他实在有些不能接受眼前的人即是他心目中神一样的莫扎特,他努力让自己镇静下来。

"我是莫扎特,不要拘谨,你多大了?"莫扎特想要缓和一下气氛。

"我15岁。"路德维希恭敬地回答。

"来,来,今天天气好,来这里陪我坐一会儿——晒太阳是一件很舒服的事情,我们总是把生活想得太复杂。"

"好的,莫扎特先生。"路德维希坐在石桌前的一个椅子上,显得很是拘谨。

莫扎特打开了选帝侯的介绍信,看了一遍。

"选帝侯记忆力真好,对我们之前的交往都还记得。路德维希,选帝侯说你有音乐才能,有培养的潜力,让我好好教你,选帝侯真是好人。内弗一直是你的老师吗?"莫扎特用手弹了一下信纸,把信放在桌上。

"是的,莫扎特先生。内弗先生一直教我,他说他认识您,他一直很尊敬您。"

"内弗……我记起来了,他是个不错的音乐家。"

"是的,莫扎特先生。我们弹了您很多的作品,还演了您的《后宫诱逃》。"

"你……你们真不错。可惜,我现在很忙,正在修改《C大调五重奏》,还要去一趟伦敦,上演我的歌剧《唐·乔凡尼》。不过,没有关系,我一定会好好教你。来,到我房间里去,给我弹弹钢琴,让我来看看好样的路德维希。"说完,莫扎特站起身来,向房间里走去,路德维希赶忙起身跟在后面。

莫扎特让路德维希在钢琴前坐下,指着一张乐谱说:"瞧,这是我的新歌剧《唐·乔凡尼》,你就先弹弹其中的几支曲子吧。"

路德维希在钢琴前坐直了身子,看着乐谱弹了起来。

莫扎特眯着眼睛,看着路德维希弹琴。刚过几分钟,就有仆人进来说,有客人拜访。莫扎特示意路德维希继续弹琴,他则出去会见朋友。

路德维希弹完乐谱后,莫扎特走进来,对路德维希说:"路德维希,你的钢琴弹得真不错。我的两个朋友还在这儿,我还要跟他说几句话,你就再即兴弹一首曲子吧——我在隔壁房间里听着呢。"莫扎特冲路德维希笑了一下,又退出了房间。

"让我即兴弹琴?莫扎特先生真是忙啊,那我就弹吧。"路德维希屏气凝神,闭上眼睛,他要酝酿一个主题——他仿佛看到了在旖旎的春光里,一个少年怀揣着自己美好的理想,兴冲冲地走在街上……钢琴声响起来,路德维希沉浸在自己与音乐的和鸣中。

当琴声戛然而止的时候,路德维希惊讶地发现,莫扎特和他的朋友都站在自己的身后,他慌忙站起来向他们致意。

莫扎特看着路德维希,眼睛里闪烁着光芒,他对他的朋友说:"请你们记住这个孩子,他将来一定会扬名世界!"莫扎特又端详了一下路德维希,笑着说:"路德维希,你有着卓越的音乐才能,就像选帝侯说的那样,你有着深厚的培养潜力,我要好好培养你。你今天先回去休息,我还有事情,你明天就来我这里上课吧,我的学生。"莫扎特看上去非常的开心。

路德维希不知道自己是怎样回住处的,他太开心了,走着走着像是跑了起来。"'请你们记住这个孩子,他将来一定会扬名世界!'莫扎特先生竟然这样说我,我一定会扬名世界的。"路德维希内心里充满了万丈豪情。

贝多芬在路人的指引下，找到了莫扎特的住处。那是一个独幢的房子，周围长满了绿草，修剪得比较整齐。一个模样瘦小的男子坐在房子前面的石桌前，贝多芬向男子弯腰致意，并把选帝侯的介绍信递给了他。他就是莫扎特，满头金发，发辫梳理得很别致；脸色白皙，但没有一丝血色，仿佛有着先天的不足；整个身体显得瘦弱单薄，仿佛有些弱不禁风。

名家名言

在困厄颠沛的时候能坚定不移,这就是一个真正令人钦佩的人的不凡之处。

名家名言

世界上王子、贵族多如牛毛,但贝多芬只有一个。

第二天，路德维希开始在莫扎特家里学习。

莫扎特明确地告诉路德维希，他在弹钢琴方面已经完全可以做自己的老师了；但是作曲方面还需要加强——他有成为大作曲家的潜力，如和声理论学得不够，对位也不够熟练，应该在这两方面下大工夫。

但莫扎特总是特别忙，他偶尔给路德维希布置一些功课，就又忙于做自己的事情。

一天下午，正当莫扎特给路德维希讲和声学的相关问题时，一位侯爵来拜访。莫扎特赶忙停下，对路德维希说："你先做一个作业，把这段旋律写上声部，我跟侯爵大人有事情商谈。"

莫扎特转身说："侯爵大人，您来了，太好了。"

"莫扎特先生，关于近期在公园举办音乐会的事情，我都安排好了。您去指挥并演奏钢琴，对您来说，这有些大材小用，但报酬比较优厚，我想您会感兴趣的——那些听众都很仰慕您，他们的热情会让您感动的。"

"侯爵大人，非常感谢您的安排，我的太太一直劝我去见那些热情的听众呢。"

"不用客气，我们是老朋友了。另外，还有一件事情，我女儿想跟您学弹钢琴，另外还有两个伯爵的孩子也想跟您学弹钢琴，不知您有没有时间？"

"这……当然有时间，非常乐意效命。"

"这真是好事。那几个孩子都很仰慕您，您教他们是他们的荣幸，我回家就把好消息告诉他们。莫扎特先生，我知道您很忙,就不再打扰您了,我的马车还在外面等我,音乐会见。"侯爵大人说完,即同莫扎特告别。

莫扎特送客人回来,即对路德维希抱怨说:"你瞧,路德维希,我整天有这样的活动,让我分心,无法真正地投入到音乐的创作中去——这有什么办法吗?他们是我的衣食父母,我要会见他们,甚至听他们的话,谁让我要养家糊口呢,这人生啊,真是艰难。"

"您还需要给那些人上课吗?"路德维希有些不解地问。

"对啊,我要给他们上课——他们对音乐都一窍不通,我却要给他们上课,不像你,你有杰出的音乐才能,有培养的潜力,虽然选帝侯为此付出了一笔学费,但我乐意教你。那些学生不一样,但我还是得教他们,要不……要不我怎么维持正常生计呢。好了,不说这些无聊的事情了,咱们再上课吧,我刚才对你讲什么了?"莫扎特有些无奈地说完,又想起了上课的事情。

"您刚才给我讲和声的问题,让我为这段旋律写上声部。"听了莫扎特的话,路德维希心里充满了感慨,没有想到,在他心中神一样的莫扎特竟会为了生计而疲于奔波,这不该是音乐天才、音乐大师的境遇吧?

"那好,路德维希,咱们接着开始。"莫扎特稍稍平复了一下情绪说。

接下来的几天,莫扎特忙于演出,没有时间也没有心思教路德维希上课。

路德维希心里有些失望,他对自己在这里的学习效果感到了怀疑——莫扎特先生能静下心来教他吗?接下来的几天,状况仍旧是如此。

随着对莫扎特了解的增多,路德维希知道莫扎特的生活确如他所说,生活得比较窘迫。莫扎特没有固定的收入,全靠他教课、演出、作曲来维持生活——按理说这些收入能够满足他们一家的需要,糟糕的是,他的妻子不会持家理财,花钱大手大脚,莫扎特不得已,只有拼命工作——而这样的日子却无休无止。路德维希渐渐对莫扎特产生了同情——这位音乐大师,神一般的人物,却在如此糟糕的境遇里挣扎。

4月18日,路德维希突然收到一封来自波恩的信。信是父亲约翰寄来的,当路德维希打开信阅读时,看着看着不由得浑身颤抖,眼泪情不自禁地流了下来。原来,父亲告诉他,自他离开波恩几天后,母亲玛格达莲娜身体就每况愈下,渐渐卧床不起。魏格勒医生虽然多方调理,也不见起色。父亲最后告诉他,如果莫扎特先生这里课业不紧张的话,要他回家一趟,怕万一母亲出现意外。

路德维希看完信之后,心里简直是五味杂陈,没想到最令他担心的事情还是发生了。他离开波恩只有一个多月的时间,母亲的身体怎么会变得如此不堪呢?肯定是父亲没有照顾母亲,肯定是父亲又到外面酗酒了,肯定是母亲照顾两个调皮的弟弟和幼小的妹妹操心忙碌累的,肯定是母亲不舍得花钱或无钱可花导致旧病复发……路德维希想着想着,眼泪又禁不住流了下来。

路德维希到莫扎特家上课的时候,一直愁云满面,心不在焉。

"路德维希,出现什么情况了吗?你今天的情绪可不对啊。"莫扎特觉得路德维希出了问题。

"莫扎特先生,我家里出问题了,我母亲她病倒了。"路德维希低声说。

"真是不幸,你母亲病得厉害吗?"

"我母亲身体一直不好,前几年一直在调理,稍好一些,现在不知怎么突然加重了。"

"真是不幸!你在这里上课,你母亲在那边竟然生病了,你有什么打算吗,路德维希?"

"我想……我想回家去。"

"路德维希,你不用担心这里,再说钢琴在哪里都能弹,但母亲只有一个,我完全支持你,我们必须热爱父母。"

"莫扎特先生,我本来是想好好跟您来学习音乐的,没有想到会出现这样的事情。"

"路德维希,这是没有关系的,你可以再来维也纳,我永远在这里等你。"莫扎特停了一下,看着路德维希,竟有了一丝难舍的情绪。他看着神情黯然的路德维希,神情也黯淡下来,开口说:"路德维希,最近一段时间我很忙,这十多天我也没有好好教你,这是我的错。你就要离开维也纳了,我跟你说说话,说一说我的故事,让你记住我……我小时候被称为神童,从我6岁开始,我的父亲带着我在欧洲旅行演出,我们到过慕尼黑、法兰克福、巴黎、伦敦、米兰、佛罗伦萨等地方,我们被皇帝请进王宫演出,当时真是风光无限——我们在欧洲旅行演出整整 10 年。16 岁的时候,我们回到萨尔斯堡,为大主教服务。大主教常常训斥我、辱骂我甚至惩罚我,不得已,1777 年我再次旅行演出,想找一个合适的地方容身,但我竟没有找到。我又回到了萨尔斯堡,大主教对我更加刻薄,时刻都想侮辱我、整治我。1781 年 6 月,我实在忍无可忍,跟大主教决裂,哈哈,我跟大主教决裂了,我要永远离开萨尔斯堡。我的父亲劝我跟大主教道歉——我道什么歉!我决不道歉!我对我父亲说,我准备牺牲我的幸福、我的健康以至我的生命,我也要维护我的人格与尊严,我们要有高尚的思想。我 25 岁到了维也纳,定居在了维也纳……到维也纳已经很多年了,你已经看到了我

的生活,每天都在教课、演奏、作曲,为了生计,疲于奔命……"莫扎特说着说着,竟然流下眼泪来。

"莫扎特先生,我让您伤心了。"路德维希赶忙说。他实在没有想到莫扎特的经历是这么个样子——在他的心目中,莫扎特头上环绕着无比耀眼的光环,没有想到这光环下面,竟然是如此惨淡的人生!

"呵,路德维希,我失态了。现在再说说你吧,我以前对

贝多芬传

你说过,你有卓越的音乐才能,你有深厚的音乐发展潜力,希望你在作曲方面多加学习、练习,你一定能成为一个大音乐家。"莫扎特把路德维希拉到近前,吻了他的额头说,"路德维希,愿上帝保佑你,保佑你的母亲早日康复——问候你的母亲。"

"莫扎特先生,也希望您健康!上帝保佑您!"路德维希吻了莫扎特的手,转身离开了莫扎特的家。

阅读思考

① 莫扎特在年少的贝多芬心目中,是神一样的人物。贝多芬师从莫扎特,时间虽然很短,但在贝多芬音乐成长过程中起了很大的作用。这些作用体现在什么地方?

② 在我们日常生活学习中,某些人身上常常笼罩着神一样的光环,成为偶像,成为明星,而我们也往往心甘情愿地成为他们的粉丝。你是怎样思考偶像现象、粉丝现象的?如果你能够有一些心得,就是本书最大的成功。

第六章 音乐是什么？

当路德维希匆匆赶回家里的时候，父亲正醉醺醺地躺在家里的躺椅上睡觉，不满周岁的妹妹在房间里爬来爬去，母亲则斜躺在床上正要努力地召唤着妹妹。路德维希连忙上前扶住了母亲。

"妈妈，您怎么了？"他仔细地看着母亲——脸色灰白，嘴唇干瘪，身上骨瘦如柴，他紧紧地抱住了母亲。

"路德维希，你回来了？我不让你父亲给你写信，怕耽误你学习，他偏要写，我拦不住他。我大概没事吧。"玛格达莲娜吃力地伸出手来，摸了摸路德维希的头发，又摸了摸他的脸说，"你还是原来的样子，莫扎特先生对你好吧？"

"对我很好，还说我钢琴弹得好呢。他还让我问候你，祝你早日康复。"路德维希吻了一下玛格达莲娜。

"那就好，我放心了。"玛格达莲娜小声说。

"我二弟、三弟呢？"

贝多芬传

"卡尔和小约翰到外面玩去了,这两个调皮的家伙。"玛格达莲娜脸上显出一抹苍白的笑容。

简单地了解家里的情况后,路德维希立即起身去找魏格勒医生。在简单寒暄之后,路德维希问魏格勒:"我妈妈的病情怎么样?"

"也不知怎么搞的,你走之后,你妈妈的病情突然加重了。"

"还有什么办法吗?"

"我昨天还去你家看过,之前我跟我的老师反复研究过你妈妈的病情,情况很不妙。我本来今天还要去你家一趟的,你来了,正好和你一起回去吧。"

回到家里,约翰已经醒了,见到路德维希很诧异,正想问他什么时候回来的,见路德维希正狠狠地瞪着他,就没有开口。

魏格勒又给玛格达莲娜检查一番,表情看上去有些沉重。

他对路德维希说,玛格达莲娜得的这种肺病(肺结核),是没有办法治疗的。

……

在经过几个月痛苦的挣扎之后,7月17日,玛格达莲娜去世了。在最后闭上眼睛之前,她紧紧地抓着路德维希的手,看着路德维希,又用游移的眼光看了看身旁的卡尔等兄妹三人,说:"照顾好弟弟和妹妹……"这是玛格达莲娜留给这世上的最后一句话。

玛格达莲娜去世后,约翰依旧酗酒如常,对家里不闻不问——现在约翰在宫廷里已经没有演出的位置了,好在选帝侯看在贝多芬一家服务多年的份上,还给他一份薪水,这使他更加颓废。路德维希不得不照顾两个弟弟和妹妹。不幸的是,没有了妈妈的照顾,小妹妹一两个月后就夭折了。

怎么办呢?路德维希焦头烂额,除了宫廷里一些必要的演出外,他几乎没有时间顾及他的音乐了。

现在卡尔已经13岁,小约翰已经11岁,由于没人管教,就像两个野孩子,整天混迹街头。

"必须改变这种状况!"路德维希下定决心。

路德维希在父亲约翰清醒的时候,对他说:"爸爸,你要尽可能少地喝酒,否则,我的两个弟弟就完蛋了。你以后至少要把你薪水的一半拿回家里来,我的两个弟弟,卡尔,钢琴弹得很不错了,要继续练习,说不定会有成就;小约翰,就让他学一门手艺吧,我在宫廷的药房里给他找一个学徒的位置,让他当学徒,有一点儿收入,长大后会成为一名药剂师;爸爸,你有空也要教卡尔弹琴,总得有些事情做,对吧,爸爸。另外,家里还要找一个保姆,来料理家务。"约翰对路德维希的安排没有意见,其实他什么意见都没有。

约翰有些时候仍不愿意把一半薪水拿回家里来用。后来,路德维希直接找到选帝侯,请选帝侯同意直接将约翰的一半薪水交给他。这引起约翰的强烈不满,但他对路德维希也无可奈何,因为约翰已让出了一家之主的位置——他没有心思、也没有能力做一家之主了,他觉得自己太不幸了,死了老婆,工作又无事可做,儿子又不听话,他除了喝酒之外还能

贝多芬传

做什么呢?

生活又慢慢进入了正轨,路德维希为这个家庭、为两个弟弟虽然付出了全部的心力,但他们有时候并不领情。有时候,由于路德维希管教弟弟有些严厉,他们还有明显的抵触情绪。

"我的妈妈,我的妈妈,你说我该怎么办呢?"路德维希烦躁的时候忍不住哭起来——他毕竟只有十七八岁,如今却承担了太多的责任,而这些责任压得他喘不过气来。

路德维希从维也纳回来之后,曾找时间到内弗先生家去,向他说了自己在莫扎特那里学习的情况以及自己的想法。"我的路德维希,不幸的孩子,你该怎么办呢?莫扎特很忙,这可以理解。现在你母亲去世了,家里事情又多,可怜的孩子,但你的音乐还是应该继续努力的,就像莫扎特先生说的,要加强作曲方面的训练。但你的能力已经超出了我,我没有办法再教你了,只有你自己努力。"内弗先生满是同情地说。

随着时间的流逝,路德维希的丧母之痛渐渐沉寂在心里。

路德维希有空就到布洛宁夫人家去。布洛宁夫人还请他教艾里奥诺和克里斯朵夫弹钢琴——这其实是对路德维希一种变相的资助而已,而路德维希和艾里奥诺、克里斯朵夫的关系更为亲密起来,路德维希称艾里奥诺为罗尔卿。瓦尔德史泰因伯爵和魏格勒医生也是布洛宁夫人家里的常客,虽然瓦尔德史泰因伯爵年龄大一些,但不妨碍他们成为好朋友。有时候,路德维希弹琴,艾里奥诺唱歌——她有着一副好嗓子,其他几位朋友合拍,真是其乐融融。这让路德维希心里有一种难得的平静与轻松。

"路德维希,我听说莫扎特先生来信,让你再次到维也纳去?莫扎特先生对你太好了,你想去吗?"艾里奥诺把从瓦尔德史泰因伯爵那里听来的消息,告诉了路德维希。

"罗尔卿,你知道的,我妈妈去世时,我答应她好好照顾弟弟的。我不管他们的话,他们就会堕落,我想我是不能去了。"路德维希说得很坚决,虽然他心里还渴望去维也纳,渴望去跟大师学习,但他有了自己的责任,已经无法脱身了,除非他的弟弟们都长大了。

"好可惜啊,路德维希,不过,我觉得你做得对。"

"罗尔卿,谢谢你,你能够理解我。"

"路德维希,我听瓦尔德史泰因伯爵说,他要送你一架三角钢琴呢,说你的琴不像样子,你用三角钢琴弹得肯定会更好。"

"瓦尔德史泰因伯爵也告诉了我,我当时听了差点儿抱住他,这让我太激动了,我一直希望自己有一架像样的钢琴。瓦尔德史泰因伯爵简直是我的'恩主',他对我太好了!"

"对你好的人多着呢,你是不是都要感谢他们?"

"那当然了。"

"要不要感谢我呢?"

"你?罗尔卿,我当然要感谢你了,你给了我很多的帮助。"

"谁要你感谢我,我还要告诉你一件事情,我们家原先常

贝多芬传

常举行社交活动,但我爸爸去世后,我和克里斯朵夫年龄小,妈妈就终止了这项活动。现在我已经17岁了,妈妈说要恢复社交活动——在家里举行社交活动是必须的,所以,最近我们家要举行社交聚会了。妈妈说,第一次要隆重一些,我邀请你来参加聚会,当然,妈妈也会让你来的。"

"社交聚会?会不会有很多人,会不会都是波恩的贵族?"

"这个……当然有一些人,他们当然也是波恩的贵族,路德维希,你需要参加这样的活动的,跟这些人交往,你才会有更大的名声。"

"我听你的,罗尔卿。现在咱们弹琴吧,你来弹。"

艾里奥诺开始弹琴。路德维希有时要纠正艾里奥诺的指法,像往常一样,他抓着她的手一起按着琴键,而这一次,他心里突然有了一种异样的感觉,甚至有一种热切的冲动……

正如艾里奥诺所说,第二天,瓦尔德史泰因伯爵给贝多芬家送去了一架崭新的三角钢琴,这让父亲约翰也激动不已,以至于又想起他的一些雄心壮志。而几天后,布洛宁夫人家经过精心的准备后,举行了隆重的社交聚会,路德维希还在聚会上弹了钢琴。瓦尔德史泰因伯爵在介绍路德维希时说:"他是波恩最杰出的钢琴家、中提琴乐师、风琴师、作曲家,是维也纳音乐大师莫扎特的学生,也会成为未来的音乐大师。"路德维希听着觉得有些脸红,但他知道瓦尔德史泰因伯爵的赞美是真心的。布洛宁夫人则私下对路德维希说:"亲爱的路德维希,你一定要了解贵族的社交活动,不管你在波恩还是其他什么地方,这对你有好处,我们的路德维希已经成为有教养的绅士了。"

1789年7月14日,法国发生了大革命,无数的贵族被送上断送台。这场革命对整个欧洲产生了巨大的冲击,这种冲击不仅体现在社会的体制、制度方面,更重要的是,还对人们的道德观念产生了重大的影响。

在布洛宁夫人家的社交聚会上,人们常常议论法国大革命,路德维希鲜明地站在了底层群众的一边,虽然常被批判,尤其是听闻某一贵族被绞死或者被处死的时候。路德维希虽然也觉得有些过火,但他有时候会吃惊地发现,自己心里有一团火仿佛正要熊熊燃烧起来——这团火沉寂在他的心底已经很久了。

选帝侯马克西米连·弗兰茨在波恩的统治还是比较开明的,他在1786年建立波恩科隆选帝侯大学,实行比较开明的办学方针。该学校有三名教授的著作受到教皇的批判,认为著作中含有堕落的思想,要求开除他们,选帝侯十分坚定地保护了他们。波恩的宫廷乐队也在选帝侯的支持下,发展壮大起来,有50多人,成为欧洲最大的宫廷乐队之一,有13位专职歌手,有15把小提琴、4把中提琴、2把大提琴、2把长

贝多芬传

笛、2个双簧管、3个低音管、2个大号、4个小号、1个定音鼓等。路德维希在乐队中既是风琴师,又是中提琴师——这样他的收入会多不少——内弗先生也兼双重的职责,贝多芬在宫廷乐队中的地位越来越重要了。为了增加自己的学识,路德维希还开始在波恩大学里学习哲学。

1790年圣诞节快要到来了,路德维希给两个弟弟各准备了一份圣诞节的礼物,可他们拿走之后却连声谢谢也没有说,这让路德维希很郁闷——"我欠他们什么?或许我本来就欠他们的!如果妈妈还在就好了。"

路德维希又到了布洛宁夫人家里。布洛宁夫人正在会见客人,他即走到书房里,见艾里奥诺正在看书。

"路德维希,你来了,太好了,我还正想找你呢。"

"罗尔卿,你找我有事吗?"

"我给你买了圣诞节的礼物,一件上衣,你以后演出时可以穿。"

"圣诞节礼物!谢谢你,罗尔卿。"路德维希看着艾里奥诺的脸,有种想亲吻一下的冲动,但他还是忍住了。

"不用谢我,路德维希……路德维希,你怎么了,眼睛怎么这么怪怪的?"艾里奥诺发现路德维希紧盯着自己,脸上现出一丝红晕,低下头去。

"没什么,罗尔卿,我只是感动了,谢谢你。"路德维希发现自己的心跳得厉害,头也有些发胀,连忙解释道。

"今天还弹琴吗,路德维希?"

"弹琴吗?我感到有些不舒服,想回家看看我的弟弟,还有内弗先生可能找我……我想现在先回家了。"路德维希拿着艾里奥诺送给他的上衣,说话有些语无伦次,他赶紧找借口回家了。

路德维希回家后心情仍旧难以平复,"我这是怎么了?我的上帝……我恋爱了吗?爱罗尔卿?这怎么可能?"

路德维希已经成年了,对于女人,他并没有感到怎样的神秘与陌生。在他们乐队十几名歌手中,有几位总喜欢搔首弄姿,有的还会跟他打趣甚至玩点儿暧昧,路德维希有时也会跟她们"哈哈大笑"几声。歌手乌斯莉,嗓音很甜,长相很美,比路德维希大几岁,见面就称"亲爱的路德维希",演出之后甚至还给路德维希一个香吻,这让路德维希心猿意马,想入非非,但乌斯莉从没有在他心底引起什么波澜。乌斯莉最初想嫁给贵族,但没有成功,后来嫁给了波恩一个商人的儿子,路德维希也没有怎么难过——祝贺她成了别人的老婆。乌斯莉结婚之后,仍然会对路德维希做些"小动作",路德维希干脆跟她"哈哈大笑"几声。路德维希觉得,这些演员虽然都风骚撩人,但都太浅薄,她们就如这个世界上有毒的花朵,能把这个世界点缀漂亮,但往往会造成男人间的纷争与仇视;她们又太奢侈,只会让这个世界越加浮躁与不安——但这个世界上又少不了她们,成功的男人要用她们来填补自己的虚荣心。

路德维希还曾暗恋过到布洛宁夫人家参加社交活动的一位贵族的漂亮女儿,可惜那女孩连正眼都没有看他一眼,他想上前交谈也没有引起人家的注意。这让路德维希很没有"面子",以至于有一段时间产生心理阴影,较为自卑,"多么轻浮的女孩啊,为什么就盯着我的相貌呢?我是长得不好,但谁能比得过我的音乐?!"路德维希心里虽然很不满,虽然对自己的音乐才能也很自负,但他也没有办法争取什么。路德维希身体虽然健壮结实,但其身高只有5英尺4英寸(约1.6米左右),非常矮小;脑袋大,与整个身体不协调;头发长而蓬乱,小眼睛,大鼻子,下嘴唇有些凸出……路德维希有时看到镜子里的自己,总忍不住歌颂上帝的仁慈。

但是,他心里又总是在怒吼:"我穷、我丑、我矮,那又能怎么样?我没有贵族的血统,我没有显赫的家世,我没有高房大屋,那又能怎么样?我有高贵的思想,我有高尚的灵魂,我有高超的技艺,我会证明给你们看!等我们走到上帝面前,就让上帝来评判高大与渺小、高贵与卑贱、高尚与龌龊吧,我路德维希,我贝多芬,会是这个世界的精神统治者,让我们到上帝面前去看!"

现在,艾里奥诺给了路德维希完全不同的感受。这些年来,他跟艾里奥诺的关系一直不错,他教她弹琴,和她聊天,一起读书,一起参加社交活动,但他一直把她看作一个可爱的妹妹,从来没有把他们之间的友谊当作爱情,而最近一段时间以来,他对她的情感已经悄悄发生了改变。他觉得艾里奥诺在爱着他,现在又给他圣诞节礼物,她是不是真的爱他呢?但他又不能确定。其实,艾里奥诺长得不是很漂亮,但有一种高贵的优雅的气质,这让路德维希越来越觉得心仪。

"罗尔卿,你爱不爱我呢?我是贫穷的路德维希,我是丑

贝多芬在布洛宁夫人家的书房里,见到了艾里奥诺。她给贝多芬买了圣诞节的礼物,一件上衣,让贝多芬以后演出时穿。贝多芬看着艾里奥诺的脸,有一种想亲吻一下的冲动,但他还是忍住了。

名家名言

我宁肯忘掉亏欠自己的而不愿意忘掉亏欠别人的。

名家名言

我的音乐就是要使奴隶高兴，让暴君感到害怕。

陋的路德维希,我是矮小的路德维希,而你有着高贵的血统,有着显赫的家世,有着富有的家庭,艾里奥诺,你爱我吗?你会爱我吗?"路德维希的内心里发出痛苦的呻吟。

是让爱情之火熄灭,还是让它熊熊燃烧?路德维希内心里充满了矛盾。

12月25日圣诞节,路德维希在家里收拾了一下东西,之后打算到莱茵河边走一走。他的慈祥的爷爷是在圣诞节的夜里去世的。虽然,爷爷留给他的印象少得可怜,但他记得1773年圣诞节那天,爷爷和他在莱茵河畔走了很长时间。转眼之间,爷爷已经去世17年了。这17年来,他也由一个孩童长大成人,时间过得真是飞快。

路德维希出了家门,沿着熟悉的小巷低头走着。这些天来,他的心事有些重。走着走着,他突然觉得有人拍了一下他的肩膀,连忙回头看。

"路德维希,想什么呢?我喊你也听不到。"矮小单薄的内弗先生站在路德维希的身后。

"没有……想什么。内弗先生,您怎么到这里来了。"

"我到你家找你,说你出来了。告诉你一个重大的好消息,海顿先生到波恩来了,是不是好消息?"

"真是好消息,伟大的作曲家海顿先生竟然到波恩来了!"

"海顿先生是路过波恩,他刚来,后天离开去伦敦演出。"

"时间这么匆忙?"路德维希感到有些惋惜。

"海顿先生是大忙人。选帝侯对海顿的到来非常高兴,说明天要举行一个小型演奏会欢迎,之后还要举行宴会。演奏会怎么组织呢?我想听听你的意见。"

"这个样子啊。时间有点儿紧张,现在赶紧把乐队集合起来排练吧,就演奏海顿先生的作品。"

"这是个好主意,可今天是圣诞节,人们都在过节啊!"

"没有关系的,我想每个人都会以见到海顿为荣。"

在内弗和路德维希的努力下,乐队人员很快被召集起来,排练海顿先生的作品。

第二天的演出获得成功,海顿先生予以赞扬。选帝侯接见海顿后,要举行晚宴。之前还有一些时间,内弗先生赶忙向海顿介绍他的学生路德维希。

"海顿先生,这是我的学生路德维希,从小学习音乐,现在是乐队的风琴师和中提琴师。"

"好样的,路德维希。今年多大了?"海顿温和地笑着。

"海顿先生,我刚19岁。"路德维希恭敬地说。

"19岁的音乐家,"海顿先生顿了一下说,"有作品没有,让我看一下。"

"非常乐意,海顿先生,您稍等我片刻,我很快就能够把作品拿来。"路德维希说。

"路德维希,你赶快回家取你的作品来吧,让海顿先生给你指导一下,这可真是你的荣幸。"内弗先生也赶忙说。

路德维希飞快地跑回家中,拿着自己的《降B大调钢琴协奏曲》上气不接下气地又跑了回来,跑得他满头大汗。

"亲爱的路德维希,你的这首协奏曲非常棒,你有了不起的才能。"海顿先生看完协奏曲之后说。

"海顿先生,路德维希曾在维也纳跟随莫扎特先生学习过。"内弗又不失时机地向海顿先生介绍。

"莫扎特先生的学生?了不起,莫扎特可是这个世界上最伟大的作曲家。你作为他的学生,肯定学习了很多东西。"海顿先生赞叹道。

"海顿先生,我跟莫扎特先生学习的时间很短,他当时很忙,而我母亲又得了重病,我就从维也纳返回波恩了。"路德维希如实地说。

"那对开阔你的眼界也非常不错了。如果有机会,你再到维也纳,肯定会对你有所帮助。"海顿先生向路德维希发出了邀请。

"谢谢您,海顿先生,有机会我一定去维也纳跟您学习。"路德维希说。

"这真是好事情,你的运气又来了,路德维希。"内弗先生说。

晚宴之后,海顿先生又对路德维希说:"路德维希,咱们维也纳见,期待你的到来。"

在布洛宁夫人家里,魏格勒医生本也是常客——最初路德维希到布洛宁家来上钢琴课还是魏格勒医生介绍的。最近,路德维希在布洛宁家遇到魏格勒医生的时候,突然有了一种怪怪的感觉,因为他偶然间看到了魏格勒医生凝视艾里奥诺时的炽热的眼神。"魏格勒医生爱艾里奥诺吗?有这回事儿吗?……那就看艾里奥诺的吧,看她喜欢谁。"这使得路德维希的心里更加矛盾。

不管路德维希逃避也好,还是勇敢正视也罢,1791年夏天,他和艾里奥诺的关系还是突破了朋友间的友谊,开始小心翼翼地喝着爱情的蜜酒了。

布洛宁夫人显然注意到了路德维希和艾里奥诺关系的变化,她虽然没有刻意阻止,但她对艾里奥诺说:"亲爱的罗尔卿,你恋爱了吗?你还是个孩子,妈妈有些话要提醒你。我觉得,路德维希更适合做你的哥哥,实际上这很多年来,他一直像是我们家的一个男孩——你和克里斯朵夫的哥哥,你不觉得吗?路德维希感情充沛,易冲动,他的生命都是属于音乐的,不会分出一部分来给你,所以,他不适合做你的丈夫。我这里不是说路德维希不好,他是个很好的人,有着杰出的才能,但不适合做丈夫,我说的话你能懂吗?"

"妈妈,你说的话我知道了,但是我爱他。"艾里奥诺坚决地说。

"我可怜的孩子,真不知将来会是什么样子。"

对于妈妈的话,艾里奥诺虽不以为意,但内心里也受到一些冲击。"为什么路德维希不适合做丈夫呢?"她在内心里问自己。

"亲爱的罗尔卿,我,我们乐队要去麦根特海姆一段时间,因为选帝侯要在那里参加德意志教团会议,他要他的乐队在那里为大人们演出。"

"亲爱的路德维希,这真是一件让人痛苦的事情,有很长时间见不到你了。"艾里奥诺小声地说。

"我会想着你的,亲爱的罗尔卿。告诉你,罗尔卿,我们要坐帆船去呢,先走莱茵河,再走美因河,这个旅途还是令人愉快的。"

"你们要走很长的路呢,注意身体。"艾里奥诺关心地说。

"没有关系,我的身体棒着呢。"

与艾里奥诺告别后,路德维希回家收拾东西,准备行程,等他再返回波恩的时候,已是1791年的年底了。

虽然选帝侯没有从麦根特海姆返回波恩,而是直接去了维也纳——选帝侯还向路德维希承诺,到维也纳时会告诉莫扎特让路德维希再去跟他学习作曲,但新年的演出还是要进行的。

一天,内弗先生、路德维希正跟乐队在一起排练节目,邮差赶来送给内弗一封信。

"嗨,路德维希,一封来自维也纳的信,说不定有好消息呢。"内弗冲路德维希说。

"那太好了,信里说什么?"路德维希凑到内弗身边。

内弗打开信封,阅读信的内容。看着看着,内弗竟然蹲到地上,表情非常痛苦。

"怎么了,内弗先生?"路德维希赶忙问。

"一个非常非常不幸的消息,莫扎特先生死了!"

"莫扎特先生死了?怎么可能?他只有三十几岁!"路德维希简直不敢相信自己的耳朵。

"千真万确,12月5日,伟大的音乐大师莫扎特去世了,他生前为世人创作了那么多伟大的音乐,他死的时候没有一个人去送葬,可怜的莫扎特。"内弗先生哀叹说。

"怎么会这样?竟没有人为他送葬?"年轻的路德维希还想不清楚这些事情。

"路德维希,今天晚上你要陪我喝两杯酒,悼念伟大的莫扎特!"内弗说。

"好的,内弗先生,我也喝两杯。"

内弗和路德维希到一个酒馆里喝酒。路德维希从小就见到父亲约翰酗酒的样子,所以他讨厌喝酒,基本上也没有喝过酒;而内弗,单薄瘦弱的内弗先生也不胜酒力,几杯酒下肚,就满脸通红。

"路德维希,我问你,音乐是什么?莫扎特是大人物,他6岁就开始演出,在欧洲巡演10年,有着那么多的荣誉,音乐给他带来的是什么?路德维希,你说一下。"

"音乐是什么?音乐是通过乐音来表达……"

"路德维希,我不想听你说这个,音乐是什么?我一直在考虑这个问题,我不知道答案,所以我思考。"

"以前莫扎特先生曾告诉我说,音乐是善的,是美的,是歌颂上帝的善行的。"

"路德维希,什么是善?什么是美?什么是善行?你知道吗?莫扎特歌颂善、歌颂美、歌颂善行,但莫扎特三十多岁就死了,死的时候没有人去给他送葬,路德维希,你说,谁看见莫扎特的善、莫扎特的美、莫扎特的善行了?"

"内弗先生,您喝多了吗?"路德维希从没有听过严谨的、善良的内弗说过这样的话,他有些担心地问。

"哈哈,路德维希,我没有喝多。音乐是崇高的,我们是卑微的,我对你说,音乐就是我们的生命。你还记得让我看过的你写的一首曲子吗?你在乐曲中张扬你的生命,让我感到很恐惧,你仿佛在说,你就是路德维希·范·贝多芬,你真是天才。"

"您说那首曲子吗?您说弹了之后感到很丑陋,我就把它撕了,那是我多年前的习作,内弗先生,您还记得呢?哈哈哈,内弗先生。"路德维希大笑起来。

"记得呢,我们呢,要用音乐来填饱肚子,选帝侯刚来的时候,为了省钱,差点儿把我给解聘,我这个老师差点儿争不过你这个学生,哈哈哈,你说我们这伟大的音乐跟卑微的肚子之间哪个重要?"

"内弗先生,我觉得,肚子重要,音乐也重要。你说我们卑微吗?我们为什么卑微?不就是因为有贵族吗?贵族是什么?贵族是因为他们自己觉得自己'贵',而我们也觉得他们'贵',所以他们就是'贵族'了。如果我们不觉得他们是'贵族',他们还是'贵族'吗?我们的音乐是伟大的,我们也是伟大的,音乐是因我们的伟大而伟大,哈哈哈,这就是我一直想要表现的音乐。"

"路德维希,你真让我吃惊,我觉得你说的……你说的对极了,我的伟大的学生。对,音乐是生活,音乐是生命,音乐因生命的伟大而伟大,我们是伟大的,音乐是伟大的!"内弗先生有些醉眼蒙眬地看着路德维希,瞅了好一会儿。

"因为有了伟大的灵魂,我们才有了伟大的音乐,内弗先生,莫扎特是伟大的,他的音乐是伟大的,可是他死了——他的死反而让我们看见了更多的卑微的灵魂。"

"为伟大的莫扎特干杯,愿他在天堂里安息!"内弗先生举杯一饮而尽。

"为伟大的莫扎特干杯,愿他在天堂里安息!"路德维希也举杯一饮而尽。

路德维希和艾里奥诺的恋爱进展缓慢。路德维希觉得,他和她之间还有一个"坎儿"没有迈过去,这个"坎儿"是什么呢?路德维希自己也不知道。

春去夏来,艾里奥诺要陪布洛宁夫人到科隆休假,路德维希不能到她家去了。

乐队的事情还比较多。在演奏或演出结束后,歌手乌斯莉常常要缠路德维希一会儿,说是让他教她弹钢琴。路德维希虽对她有些不耐烦,但实在没有拒绝她的理由。乌斯莉说她丈夫在外面经商,让路德维希到她家里教钢琴,路德维希好不容易拒绝了。乐队的这些人,大都对男女之事看得开,很多人以为路德维希是乌斯莉的情人,以至于内弗先生都问路德维希,路德维希费了一些力气才辩白清楚。

7月份,海顿先生从伦敦返回又途经波恩。海顿先生郑重承诺,只要路德维希到维也纳,就让他做他的学生。在瓦尔德史泰因伯爵的努力下,选帝侯同意给路德维希不定期长假,特别资助路德维希到维也纳跟随海顿学习,学习期间薪水照发,这对路德维希来说,又是"天上掉下来的馅饼"。

路德维希想在去维也纳之前向艾里奥诺求婚,他觉得这是一件大事,不能有半点马虎。他走之前有很多事情需要考虑:父亲还是整天酗酒,现在已经没有办法改变了,只求上帝保佑他吧;二弟卡尔已经成为一名乐师,三弟约翰差不多可以成为一名药剂师,他们的生活他基本上放心;向艾里奥诺求婚是他去维也纳之前最大的事情,他现在还不知道布洛宁夫人的态度如何,这也是他担心的;还有音乐上的事情……

布洛宁夫人一家从科隆回来了,因为乐队的演出,路德维希当天没有去看望艾里奥诺。第二天,当路德维希到布洛宁夫人家时,艾里奥诺却和她的一个表妹出门了,没有在家。第三天,路德维希又去找艾里奥诺,艾里奥诺却还没有回来……路德维希感到很沮丧,他心里隐隐感到有些不安。第四天,路德维希终于在布洛宁夫人家的书房里见到了艾里奥诺,令他完全没有想到的是,艾里奥诺对他的态度完全改变了。

"亲爱的罗尔卿,你怎么了?看上去你的精神状态很不好,怎么回事?"路德维希问。

"路德维希,请您叫我艾里奥诺,我没有什么事情,一切都正常。"

贝多芬传

"罗尔卿,你怎么说这样的话,我今天还是想来跟你……告诉你我要去维也纳的,你怎么这样对我?"路德维希本想说是来求婚的,但看到艾里奥诺的态度,还是改了口。

"路德维希,请您叫我艾里奥诺,我知道您要去维也纳了,祝贺您。"艾里奥诺的态度越来越冷。

"罗尔卿,请你告诉我发生了什么事情?我们可是恋人啊,你说过你爱我的。"路德维希有些找不到头绪,甚至有些发懵。

"我们……我们曾经是恋人。但现在呢,我觉得自己是个傻瓜。再见,路德维希,我还有事情。"艾里奥诺转身要离开。

"罗尔卿,你停下。"路德维希想上前抓住艾里奥诺的手,但没有抓住,艾里奥诺走了出去。

路德维希的心完全沉了下去,他实在不明白艾里奥诺怎么变得如此无情无义。这时候,布洛宁夫人走了进来,扶住路德维希,让他坐下。

"路德维希,我的孩子,你和罗尔卿的事情我都知道了,她说她对你很失望,你伤了她的心。"布洛宁夫人轻声说。

"我不知道怎么回事?真的不知道,我怎么伤了她的心了?"路德维希实在不明白。

"路德维希,你和乌斯莉之间是怎么回事?她表妹把你和乌斯莉之间的事情都告诉了罗尔卿,你还到她家里去,有这么一回事吗?"

"乌斯莉……该死的乌斯莉,我和她之间没有什么事情,真的。"路德维希痛苦地低下了脑袋。

……

从布洛宁夫人家离开之后，路德维希觉得头痛欲裂，他沿着莱茵河走了很长一段时间。他想他自己、想和艾里奥诺之间的事情。事情还能挽回吗？还需要挽回吗？艾里奥诺是一位单纯善良的女孩，需要人的呵护，自己又能够带给她什么呢？他和艾里奥诺之间是友情、亲情还是爱情？这么多年来，自己一直受到布洛宁夫人一家的关爱，得到魏格勒医生的帮助，自己又能够给予他们什么呢？……他需要让自己的心平静下来。

时间转眼到了11月1日，这是路德维希在波恩的最后一天，他和波恩的亲人、朋友告别。魏格勒医生给他送来了一个纪念册，这是他波恩的朋友送给他的。

瓦尔德史泰因伯爵这样写道："亲爱的贝多芬，你就要去维也纳，去完成你长期受阻的夙愿。莫扎特的神灵还在为它所钟爱的人的去世而伤悼，它在不可穷竭的海顿那里找到了慰藉，但仍无事可做。通过海顿，它希望和另一个灵魂再融合。通过不懈的努力，你会从海顿之手得到莫扎特的精髓。"

艾里奥诺在纪念册中写了赫尔德尔的三行诗："与善人的友谊，像黄昏的影子一样增长，一直到生命像夕阳落山的那一天。"

路德维希看着看着，不由得泪流满面。他跟艾里奥诺之间，是他告别波恩的寓言吗？或许是一辈子的温情、一辈子的思念、一辈子的痛……

　　再见了波恩,再见了艾里奥诺——痛苦的美丽的童年和少年——贝多芬挥手告别。

① 贝多芬在成长过程中,得到了一些好心人的帮助。其中,布洛宁夫人一家对贝多芬有哪些帮助呢?

② 贝多芬可以说是一个穷、丑、矮的典型,是一个"屌丝",你有时候觉得自己是一个"屌丝"吗?请对"屌丝"现象予以思考。

第七章 年轻的音乐大师

　　1792 年 11 月 2 日,贝多芬离开波恩,前往维也纳。没有想到的是,贝多芬刚到维也纳几个星期,就接到了波恩的来信,告诉他父亲约翰已经在 12 月 18 日去世了——虽然,贝多芬一直与父亲关系不和睦,小时候受父亲打骂,长大后因母亲去世、父亲酗酒,关系也一直没有缓和,但不可否认的是,如果没有父亲的严厉管教,他是不可能有音乐上的成就的——父亲为了教他、为了把他培养成第二个莫扎特可谓是费尽心机,贝多芬心情沉痛。两个弟弟的生活他已经不担心,他只希望他们好自为之。

　　贝多芬到达维也纳之后,他跟随海顿的学习也随即展开。海顿对路德维希的教导是从最基础的最严格的对位开始的。

　　"贝多芬,虽然你已经是个作曲家,而且作曲也很不错,但是,如果你觉得自己的水平可以了,那你就错了。我先跟你分享一些我学习的经验,我 35 岁的时候,才开始这种训练。"海顿拿着一本书,接着说,"这是富克斯的《登帕那塞斯之阶》,1925 年出版的,这是培养优秀作曲家的唯一教材,我要强调类别对位的训练方法。什么是类别对位?贝多芬,你有可能知道,但大概没有重视。类别对位是逐步学习对位谱曲的系统方法,也就是,先用一个音符对一个音符,接着用两个音符对一个音符,接着用四个音符对一个音符,一直这样下去,直到建立一个完整的重复的旋律,这是赋格曲谱写的基础,也是所有作曲的根本。"

"海顿先生,这样会不会很麻烦?"贝多芬问。

"这样确实很麻烦,也很枯燥,但这是基础,这是根本,这是成为一个优秀作曲家绕不开的。我 35 岁才开始这样的训练,你现在才 21 岁,时间还有的是,你应该有扎实的基础。我要让你知道,每个音符都很重要,这是一个优秀作曲家首先要明白的道理。"

"海顿先生,那我就从类别对位开始,打好这个基础。"贝多芬说。

艰苦的训练开始了,贝多芬夜以继日地进行着对位的练习,他渐渐开始真正领悟"每一个音符都很重要"的道理。

1793 年秋天的一个下午,在做完了一天的工作之后,海顿对贝多芬说："贝多芬，收拾一下，今天晚上我要领你去见我的一位好朋友，一个大人物，斯维滕先生。"

"斯维滕先生，啊，海顿先生，我听您说起过他。"贝多芬记得海顿曾说起过斯维滕先生。他是哈布斯堡王室的红人，从1782年开始就担任宫廷书报检查委员会主席、皇家图书馆馆长。

"对，我是说起过他。他可是一位好心人。他在贵族中倡导读书，成立了一个联合协会，很多贵族都是联合协会的会员，他们定期组织活动，你也要加入这个组织。贝多芬，这就是维也纳的上流社会。"海顿提醒贝多芬说。

海顿和贝多芬简单收拾一下后，坐马车赶到了斯维滕先生的府邸。

"斯维滕先生，这是我的学生贝多芬——我以前跟你说过的，几年前曾来过维也纳，跟随莫扎特先生学习。"

"贝多芬先生，欢迎光临。海顿先生跟我说起过你，钢琴家、作曲家，很棒的年轻人。"斯维滕先生态度友善，轻轻地拥抱了贝多芬。

贝多芬见斯维滕先生的大厅装修豪华，灯光明亮，维也纳的名流济济一堂。

"你是贝多芬先生吗？"有人转过身来向贝多芬打招呼。

"我是路德维希·范·贝多芬，您是？"贝多芬有些诧异，他第一次来这种场合，真没有想到会有人知道自己。

"我是卡尔·利希诺夫斯基，瓦尔德史泰因伯爵的朋友，他多次向我说起你。"

"啊,您是卡尔·利希诺夫斯基亲王,瓦尔德史泰因伯爵在我离开波恩时也向我说起您,让我一定去找您,您是一位仁慈的亲王,我来维也纳之后,一直紧张学习,还没有来得及去拜见您呢。"见利希诺夫斯基亲自找到自己,贝多芬有些窘迫。

"没有关系,我不也是今天才见到你嘛,听瓦尔德史泰因伯爵说,你非常的棒,相信不久就能领略到你音乐的风采了。"

因为和瓦尔德史泰因伯爵的关系,贝多芬觉得和利希诺夫斯基亲王一见如故。

"贝多芬先生,我非常喜欢音乐,跟你见面是我非常高兴的一件事情,以后咱们要经常见面。"

"荣幸之至,我尊敬的亲王。"

"你不用客气,时间长了你就知道了,我和莫扎特关系非常密切,开个玩笑,他还向我借过钱呢。你如果有什么困难,就尽管找我。"

"听瓦尔德史泰因伯爵说,你喜欢帮助别人——这是上帝赐予您的最伟大的品行。如果可以的话,麻烦您留意喜欢学习钢琴的学生,推荐给我,我将感激之至。"贝多芬说。

离开波恩大半年以来,选帝侯马克西米连·弗兰茨对贝多芬的表现并不是很满意,给他的资助并没有增多——甚至还曾说要取消对他的资助,而他在维也纳的花费很多,又不会理财,所以欠下了不少的债务。海顿先生曾写信试图劝说选帝侯偿还贝多芬所欠债务,但遭到拒绝。贝

　　一天晚上，海顿领着贝多芬来到斯维滕先生的府邸，斯维滕先生的大厅装修豪华，灯光明亮，维也纳的名流济济一堂。斯维滕先生及卡尔·利希诺夫斯基亲王和贝多芬打招呼。

名家名言

痛苦能够毁灭人，受苦的人也能把痛苦毁灭。创造就需苦难，苦难是上帝的礼物。卓越人的一大优点是：在不利与艰难的遭遇里百折不挠。

名家名言

我要扼住命运的咽喉，它妄想使我屈服，这绝对办不到。

多芬理解选帝侯的心情,听说波恩的形势不好,已经开始备战,资金紧张,所以他不能有过分的要求——说不定哪一天选帝侯就把对他的资助甚至薪水全部停发了,所以他必须自己养活自己。这是他在维也纳立足的最基本的支撑。

"这是件小事情,如果你愿意的话,我也可以资助你。"利希诺夫斯基亲王非常爽快地说。

"尊敬的亲王,现在选帝侯还给我资助呢,我不能要您的资助。如果能找到学生就足够了,以前我也会教学生弹钢琴。"

"好的,你很快就会见到你可爱的学生了。"

在返回海顿先生住所的路上,海顿先生对贝多芬说:"贝多芬,我跟斯维滕先生说好了,以后他这里有聚会或者是联合协会有什么读书活动,他都会派人来通知你,你有空就去参加,这是个很好的社交场所。"

"谢谢您,海顿先生。"贝多芬内心里充满了感激。

"贝多芬,还有一件事情要对你说。本来我今年要旅行演出,去伦敦开音乐会,但现在的形势比较紧张,我想缓一缓,看一看情况再说。所以,我跟伦敦方面协商,把音乐会推迟到明年。另外,我本来是要带你去伦敦的,但现在情况不允许,只能是我一个人去了。"

"原来是这样,海顿先生,那我的学习该怎么办?"

"贝多芬,这个你放心好了。我离开维也纳之前,会找维也纳最好的老师教你,他教学生可比我强多了。"

贝多芬传

贝多芬心里有些失望,本来海顿先生去伦敦要带自己去的——伦敦也是一个音乐之都——这是海顿先生曾跟选帝侯马克西米连·弗兰茨说好的事情,但现在又出现了意外。海顿先生去伦敦,会让谁来继续教他呢,贝多芬心里有些期待。

1794年初,海顿又开始了他的伦敦之旅。走之前,他把贝多芬介绍给阿尔布雷西茨贝格。

阿尔布雷西茨贝格是圣斯蒂芬教堂的乐长。当贝多芬初次见到阿尔布雷西茨贝格的时候,立即被这位精神矍铄、谈吐风趣的老人给吸引了。在贝多芬见到阿尔布雷西茨贝格之前,海顿已经把贝多芬的详细情况告诉了他,所以,他制订的学习计划对贝多芬来说是非常具有针对性的。他对贝多芬说:"贝多芬,你是一个幸运儿,有内弗先生给你打好了音乐的基础,有莫扎特先生开阔了你的音乐眼界,有海顿先生教你作曲,这些老师都在发掘你的音乐天才,而我则捡到一个宝贝,哈哈,贝多芬,我是说你已经具备了成为一位音乐大师的条件,就如飞翔的雄鹰,已经长满了羽毛。我现在则是要给你梳理'羽毛',让这些'羽毛'更有韧性,更有活力,飞得更高,飞得更远。海顿先生已经把给你上课的情况告诉了我,我也没有更好的法子。富克斯的训练方法是最好的方法——海顿先生也这样认为,我在他的《登帕那塞斯之阶》基础上,出版了《作曲基本指南》一书。我要求我的学生,必须精通理论、类别对位、对位和赋格,对你也不例外。我的计划是,从对位练习开始,进入赋格、十度和十二度转位对位,之后才进入乐赋格……"

阿尔布雷西茨贝格的授课开始了,一周三次课。他先是帮助贝多芬修改了海顿指导贝多芬做的一些练习曲——海顿在作曲方面虽然给了贝多芬很多有价值的建议,但有时忽略了一些细节问题,阿尔布雷西茨贝格以他特有的耐心,仔细地纠正贝多芬的一些错误,这显然是贝多芬以前所有的老师都未曾给予他的。

阿尔布雷西茨贝格年轻时曾经创作过很多乐曲,如交响乐、四重奏、协奏曲等,是曾经名噪一时的音乐大师。但后来阿尔布雷西茨贝格转向教堂音乐,所以,他的影响要比海顿小很多,但从授课的效果来看,他对贝多芬的影响要比海顿大很多——他实在是一位优秀的老师。

阿尔布雷西茨贝格对贝多芬的教授持续到1795年初,有一年多的时间。经过阿尔布雷西茨贝格打磨后的贝多芬,这时才真正如羽翼丰满的雄鹰,就要展翅飞翔了。

在此期间,1794年3月份,选帝侯马克西米连·弗兰茨取消了对贝多芬的资助,包括他在波恩宫廷的薪水。因为当时波恩的处境已经非常不妙,法国军队开始向波恩进发,10月份,选帝侯不得已收拾自己的贵重家具、银器、图书等逃离波恩。贝多芬当时的处境十分艰难,他本来一直想学成之后返回波恩,但现在的波恩已经是是非之地——宫廷都没有了,哪还有他这个宫廷乐师的位置?后来,他决定在维也纳定居。他的燃眉之急是生计问题,好在利希诺夫斯基亲王为他找了几个贵族学生,有了较为可靠的收入来源。

贝多芬还开始了他雄心勃勃的作曲计划,他准备创作钢琴奏鸣曲、弦乐三重奏等。他开始为自己的作品编号,这是当时一些作曲家都做的事情——他把《费加罗主题变奏曲》列为"作品1号",同时抄了一份寄给波恩的艾里奥诺,并给她写了信——艾里奥诺一直是他内心里一份最温暖的情感,虽然她要嫁给魏格勒医生了,也是他的好朋友,但后来贝多芬又把自己的作品重新编了号。

贝多芬把自己的三首钢琴三重奏编为自己的"作品1号",他跟出版公司签订协议,允许他自己卖450份,之后再交由出版公司出售。利希诺夫斯基亲王主动承担了450份乐谱的销售工作。

"贝多芬先生,告诉你一个好消息,你的作品1号——三首钢琴三重奏真是太成功了,绝对让你想不到……"利希诺夫斯基亲王兴冲冲地跑来,对贝多芬说。

"销售情况怎么样?尊敬的亲王。"贝多芬问。

"很好,很好,产生了轰动效应。450份中,其中大部分卖给了亲王、大公、伯爵、伯爵夫人,他们非常欣赏你的作品,并期待能够见证一个伟大的音乐大师的产生。"

"尊敬的亲王,这都是您努力的结果,这是我知道的,我知道光您就买了20份吧,非常感谢您。"

"贝多芬,不用谢我。我买的20份我都会珍藏,我要见证一个音乐大师的崛起。另外,斯维滕先生买了3份,里西登斯泰因亲王、洛柏克维奇亲王、格拉萨尔科维奇亲王……"利希诺夫斯基亲王微笑地说了一长串贵族的名字。

"真是太好了。没有想到,这么多亲王、伯爵都会喜欢这部作品。"

"贝多芬,你猜这次能卖多少钱?"

"多少钱?500古尔登?"贝多芬试探着说了一个数字。

"哈哈,贝多芬,何止这些钱,这450份乐谱,足足卖了880多金币。"

"这么多?!"贝多芬惊讶得说不出话来,他真的没有想到会卖这么多的金币。

"贝多芬,这些钱不算什么,你很快就要出名了,就要成为音乐大师了。在维也纳,音乐家协会每两年举行一次音乐会,每次音乐会总会有人脱颖而出,成为整个维也纳的焦点。今年正好是比赛的年份,比赛时间定在了3月29日,你好好准备吧,我要推荐你演出。"利希诺夫斯基亲王在向贝多芬说着他的计划。

"这太好了,尊敬的亲王,真不知该怎么感谢您。"

关于音乐家协会每两年举办一次的音乐会,会给演出者带来很高的荣誉,这是贝多芬知道的。1795年3月29日的这次比赛,显得特别隆重,维也纳有很多的海报都在宣传,贝多芬渴望这次比赛。

音乐会的时间终于到了。维也纳的贵族、名流云集,音乐会的舞台成了维也纳人关注的中心。在这次音乐会上,贝多芬作为一首协奏曲中唯一的一位钢琴师出场——这是贝多芬在维也纳的第一次公开演出,演奏的是卡尔泰里利的清

贝多芬传

唱剧《乔乌达人之王乔阿斯》。贝多芬演奏了一首钢琴协奏曲以及卡尔泰里利的一部交响乐。演出取得了空前的成功,贝多芬在舞台上激情四射,其高超的指法、犀利而又深邃的眼神征服了维也纳人。

演出结束后,利希诺夫斯基亲王上前和贝多芬拥抱,祝贺他演出成功。

"贝多芬,你演奏得无可挑剔,刻薄的维也纳人被你征服了,请享受你的荣誉吧。"

"尊敬的亲王,这荣誉属于您,我伟大的利希诺夫斯基亲王。"贝多芬非常感谢亲王的帮助。

"贝多芬,接下来,我有一个伟大的计划,你要外出游历,到各地旅行演出,像海顿先生一样。"

"旅行演出?这个我还没有想过。"

"对,是旅行演出,你应该考虑这样的事情了。啊,当然,旅行演出需要费用,这个你不用担心,费用由我来安排。"利希诺夫斯基亲王微笑地说着他的计划。

"这个?真是感谢您,仁慈的亲王。"贝多芬又一次感动了。

"贝多芬,旅行演出的具体的行程还需要安排,这个你放心,我和你一起来商量。"贝多芬旅行演出的计划开始启动了。

音乐会第二天，贝多芬收到一位仆人送来的信函。贝多芬拆开一看，原来是康斯坦策·莫扎特寄来的，说是3月31日要在维也纳市剧院举行一场慈善音乐会，请他去演奏莫扎特的作品，贝多芬当即表示同意了。康斯坦策是莫扎特的妻子，在莫扎特去世后，她和孩子没有生活来源，生活比较困难，这场音乐会主要是为他们母子捐款。贝多芬一直对莫扎特怀着尊敬与同情，在莫扎特身上，他既看到了音乐大师炫人的光环，也看到了光环下一颗孤独的心灵。能为康斯坦策做些事情，能为莫扎特的后人做些事情，这自然是贝多芬满心乐意的。在这场音乐会上，贝多芬演奏了莫扎特的一部协奏曲，音乐会取得成功，康斯坦策非常感谢贝多芬为莫扎特所做的一切。

在1795年末，贝多芬还参加了两次公开演奏会。一次是海顿在维也纳小罗杜登厅组织的演奏会，贝多芬演奏了《C大调协奏曲》；另一次也是在小罗杜登厅，一位女高音歌唱家举办的义演音乐会，贝多芬应邀演奏了一部协奏曲。

1796年初，利希诺夫斯基亲王策划的旅行演出开始了。贝多芬去过德莱斯顿、莱比锡、柏林等，本来计划六周时间，没想到却持续了五个月的时间，旅行演出取得了巨大成功，以至于柏林的弗里德里希·威廉二世邀请贝多芬在宫廷乐队中任职，贝多芬拒绝了。

贝多芬的名声在维也纳、在德国、在欧洲持续地发酵，维

贝多芬传

也纳人开始崇拜贝多芬。

1798年,内弗先生去世,这让贝多芬很长一段时间陷入悲痛之中。内弗对贝多芬来说,不啻有再造之恩。在长达十多年的学习、交往过程中,贝多芬与内弗之间,有师恩也有友情,这是贝多芬终生难以忘怀的。

1800年4月,贝多芬在维也纳举办第一次义演音乐会,从此贝多芬大作曲家和大钢琴家的形象树立在世人面前,成为维也纳音乐界的领袖——他的名声已经超出了他的老师海顿了。

贝多芬的创作也渐入佳境,1798年之后的几年,贝多芬谱写了大量的钢琴作品,包括《悲怆钢琴奏鸣曲》《第一交响曲》《第三钢琴协奏曲》等。

贝多芬常常沉浸在创作之中,而创作灵感常常不可遏止。有一天,他到一家饭馆用餐,点完菜之后,贝多芬突然来了创作灵感。贝多芬借来侍者手中的笔,拿起点菜的菜单,即在背面开始创作,完全沉浸在创作之中。侍者在旁边看着贝多芬,觉得他表情夸张,有时两手还在不停地摆动,感到非常奇怪。饭菜做好之后,由于贝多芬占据了整个桌面,饭菜也无法端上去。眼看饭菜都凉了,侍者上前试图提醒一下,没有想到贝多芬突然站起来,双手一拍,大叫一声"好"。侍者吓得一哆嗦,就小声问:"上菜吗?先生。"贝多芬如从梦中惊醒一般,立即掏钱付账。侍者提醒贝多芬:"先生,您还没有吃饭呢!"贝多芬仿佛没有听到侍者的话,结账后拿着写满乐谱的菜谱,即返回家中进一步加工、修饰乐谱。

贝多芬上街的时候,身上常常带着笔和本,有创作灵感即停下开始创作。有一次,贝多芬去拜会一位亲王,在亲王家附近突然有了创作的冲动,就坐在路边,拿出纸和笔来奋笔疾书,有时为体悟音乐的旋律,甚至会手舞足蹈。

"先生,您在这里干什么呢?"两个警察出现在他的身边。

"先生,您在干什么?请回答我们的问话。"见贝多芬没有答理他们,一位警察上前推了一下贝多芬。

"你们想干什么?我在忙着呢。"贝多芬的创作思路被打断,很不耐烦地说。

"我们在问你干什么?这里是亲王的府邸,可不是流浪汉待的地方!"一位警察大声说。

"我是流浪汉?不,我是贝多芬。"贝多芬眼光犀利地瞅着警察。

"他说他是贝多芬?哈哈,他说他是那个大音乐家贝多芬?他长得像个小瘪三,穿得也像是些破烂货,还说自己是大音乐家。"一个警察哈哈笑着说。

"走,跟我们去警察局!"另一个警察说。

见贝多芬没有动,两个警察即一边一个架住他,要把他送到警察局。贝多芬虽然长得结实,但实在太矮小,不是两个高大的警察的对手,被架了起来。

"我是贝多芬!你们俩会后悔的,拿着我的乐谱!"贝多芬脚离着地,边挣扎边喊。

等到了警察局,贝多芬仍然大叫大嚷……

| 贝多芬传 |

不一会儿,警察局局长赔着笑脸出来,亲自把贝多芬送到了亲王的府邸。

① 能够成为一位年轻的音乐大师,贝多芬付出了哪些努力?
② 贝多芬再次到维也纳,师从海顿。海顿利用自己在维也纳的人脉关系,给予了贝多芬很多帮助,具体体现在哪些方面?

第八章 "我要扼住命运的咽喉"

1794年,贝多芬的二弟卡尔搬到维也纳,开始做一名乐师,后来成为一名银行家。1796年初,三弟约翰也搬到了维也纳,接受药剂师的培训,后来不仅成为一名出色的药剂师,还因此发了大财。

母亲玛格达莲娜去世的时候,曾叮嘱贝多芬好好照顾自己的弟弟,现在卡尔和约翰都有不错的职业以及收入,这让贝多芬感到很欣慰。

1801年,贝多芬自己也陷入了温柔的情感之中,他跟他的学生朱列塔·圭恰迪尔伯爵小姐相恋了。这些年来,贝多芬教过很多的贵族小姐。他与艾里奥诺相恋,夹杂着一些友情、亲情的成分,所以后来即便没有成为爱人,他和她之间也依旧是很好的朋友,况且她嫁给了自己的朋友魏格勒医生——他们一直保持着通信往来。除了艾里奥诺之外,贵族

贝多芬传

小姐中对他不乏崇拜者,但贝多芬觉得她们太过浅薄,在表面彬彬有礼的贵族教养之下,心灵却显得无知而又苍白,只像是温室中的一朵小花,没有让贝多芬心灵产生震动的共鸣,而朱列塔·圭恰迪尔伯爵小姐却很不同。

朱列塔只有17岁,不只容貌俏丽,性格也温顺可人。在贝多芬看来,朱列塔就如一株雨中的水仙花,出尘脱俗,一双眼睛总是向他倾诉着什么,挑动着贝多芬心底那敏感多情的神经。

虽然爱情在张着双手拥抱着贝多芬,但贝多芬心里开始被另一种恐惧占据着——他年轻的身体出现了问题。

贝多芬在波恩的时候,就有腹痛的毛病,在魏格勒医生的治疗下,有了好转,而现在腹痛的毛病复发,总是得痢疾,身体有些虚弱。而更糟糕的是,从1798年开始,贝多芬的听力出现了问题——在很长一段时间内他都不敢承认这一事实,这对于一个维也纳贵族社交活动中的宠儿,对于一个钢琴家,对于一个作曲家来说是多么残酷的一个现实!听力的毛病先从左耳开始,发展到右耳。在剧院里,贝多芬不得不离乐队特别近,否则他就听不到乐队的演奏,听不清演员在说什么,有时候甚至听不清乐器声和歌声。在社交活动中,由于听力的问题,贝多芬常常听不清别人说什么,以至于别人误会他走神、怪癖和不通情理。后来,贝多芬就干脆不参加社交活动了。身体出了问题,那就需要找医生看病——贝多芬终于重视起来。

有医生认为,贝多芬的听力问题是由于腹痛引起的,所以让他吃强身健体的药,甚至让他用杏仁油来改善听力,但一点儿效果也没有,他的腹痛更加厉害,听力也没有丝毫的改善。

又有医生建议贝多芬先改善体质,让他坚持洗冷水澡,仍然没有效果。

也有医生建议贝多芬到多瑙河中洗温水澡,坚持一段时间后,他腹痛的问题有了好转,但对于听力却一点儿用处也没有。

还有医生建议贝多芬在洗温水澡时掺上健身的药剂,还给他开了胃药和注到耳中的药,他坚持治疗,身体有了好转,但耳朵仍然是嗡嗡作响。

……

1801年6月29日,贝多芬向他的老朋友魏格勒医生写了一封长信,诉说了自己无穷无尽的烦恼。在信中,贝多芬还告诉魏格勒,医生说,他的听力一定会变好的。贝多芬实在是希望自己的身体、自己的听力赶快好起来。

贝多芬的苦恼在持续着,好在朱列塔的温柔能够稍稍缓解一下他的痛苦。贝多芬又去给朱列塔上课了。

"亲爱的贝多芬,我现在有一个想法,就是让你尽快娶我。"钢琴课快结束时,朱列塔突然对贝多芬说。

"亲爱的朱列塔,你让我娶你——你是想和我结婚吗?"贝多芬感到有些诧异,跟朱列塔结婚的事情他曾经想过,但他内心有很多的痛苦,还没想呈现在别人面前——他想让自己的听力好起来再说。刚开始上课时,他就发现朱列塔心事重重，有些心不在焉，原来是在想这件事情。

"是的，跟你结婚，跟音乐大师结婚。"朱列塔肯定地说。

"为什么突然有这个主意？你还是个小女孩呢。"

"我已经17岁了，不是小女孩了。我的爸爸、妈妈让我嫁给一个伯爵的儿子，他们开始张罗这件事情呢。"

"有这样的事情？"贝多芬觉得事态有些严重，他平静了一下心情，认真地看着朱列塔说，"有件事情我需要跟你谈一谈。"

"什么事情？难道你不想跟我结婚吗？亲爱的贝多芬。"

"不是的。我当然想跟你结婚。不过，由于我们认识的时间还不长，有些问题你还不知道。"贝多芬想跟朱列塔谈一谈自己的身体问题了。

"什么问题？现在就想你如何求婚的问题吧，说服我爸爸妈妈。"

"亲爱的朱列塔，我要告诉你，我的耳朵、我的听力有问题。"贝多芬郑重地说。

"亲爱的贝多芬，你的耳朵、你的听力怎么了？"

"我的耳朵、我的听力出了一些问题，你小声说话的时候我听不清楚，也就是说，我有些聋了。"贝多芬说。

"啊，天啊，可怜的贝多芬，你会不会成为聋子？"朱列塔脸色有些苍白。

"我已经有些治疗，找了几个医生，医生说能治好的。"

"什么时候开始的？可怜的贝多芬，但愿你很快好起来。"

"从……1798年就有些问题,现在有些严重了。"贝多芬如实说。

"什么?4年了,你怎么不早告诉我?"朱列塔脸色更加苍白,大声地说。

"我一直想找机会告诉你的。"贝多芬试图进行解释,"可我跟你恋爱有几个月的时间……"

"天啊,竟然是一位聋的音乐大师,我竟然与你谈恋爱,还要与你结婚。"朱列塔哭起来,夺门而去。

"我是聋子,难道是我的错吗?"贝多芬看着朱列塔离去的背影发呆。

贝多芬与朱列塔的恋爱就此结束了,虽然之后贝多芬还见过朱列塔。朱列塔想送给贝多芬一件华美的衣服,他拒绝了,对她说:"友谊除自身外,不需要别的报偿。"

其实,在这句貌似高傲的话语下面,掩饰的是一颗脆弱的、敏感的心灵。为了缓解自己失恋的痛苦,贝多芬创作了《升C小调钢琴奏鸣曲》,又名《幻想奏鸣曲》《月光曲》。在这支曲子中,贝多芬回忆并哀叹自己的生命,哀叹自己的爱情,哀叹逝去的青春——还有阴郁的诅咒吗?

在失恋的打击下,贝多芬的身体状况更差了,听力也没有一点儿好转的迹象。史密特医生——贝多芬信任的医生,建议他静养一段时间。1802年4月开始,贝多芬搬到了海立根斯塔特一幢房子里去住。

海立根斯塔特距离维也纳5公里,是一个非常幽静的去处。贝多芬住的房子在山脚下,可以看到远山和成片的葡萄园,而且离一个硫化温泉也不远,他可以去洗温泉。

贝多芬接受史密特医生的建议,尽量少工作或者不工作。当他的身心完全放松下来的时候,几个月之后,他的心里完全被一种阴郁的情绪占据了,他开始怀疑自己、怀疑生命,死亡的阴影出现在了他的生活里——贝多芬觉得,他的生命快要结束了,他在世上的时间不多了,虽然他不想自杀。"我的身体是不是快要垮掉了?我是不是快要死了?"贝多芬不停地问自己。在这种情绪支配下,贝多芬拿起笔,他要写一份遗嘱——在他遭遇不测时好对他的兄弟、对世人有个交代。

给我的兄弟卡尔和约翰·贝多芬:

啊,你们这些人说我充满敌意、喜怒无常、愤世嫉俗,你们怎样冤枉了我啊!你们不知道,我在你们眼里是这样一种形象,是另有隐情的。从小的时候起,我的心和灵魂就充满了善意的柔情,我总想做一番大事。但你们想想,6年以来,我处在无法救治的状态中,庸医误人,更使我的病情恶化。我年复一年希望好转,却年复一年地失望。最后我不得不面对持续残疾这样的一个前景(治疗这个病可能要花上多年时间,甚至不可能治愈)。我生性热烈、活跃,喜欢社交中的消遣,但我很快不得不退缩回来,独自过活。如果我希望有时候不顾这一切,啊,我是多么残酷地被失聪这惨痛经历击退回来啊。我不可能对人们说:"大点声说话,喊着说,因为我是聋子。"啊,我如何能承认听觉的缺陷——我的听觉应该比别人更完美,而我曾拥有最完美的听觉,在我的行业中,还很少有人曾有过这样完美的听觉!

啊,我不能这样做。因此,当你们看到我本来很愿意和你们融为一体,却不得不退缩的时候,请原谅我吧。我的不幸对我来说是双倍的痛苦,因为我注定要被人误解。我不能在与人为伴中获得轻松,无法享受高雅的谈话,与别人互吐衷肠。我必须独自过活,像一个弃儿。几乎只有在迫不得已的情况下,我才跟人接触。如果我接近别人,一种灼热的焦虑就抓住了我,因为我害怕我的病情被别人注意到。

我最近在乡下住的这6个月也是这样。我善解人意的医生命我尽量不要让耳朵吃力,他几乎都要跟我现在的状况一样了。我的热爱伙伴之心,有时会让我忘乎所以。但是,当站在我附近的一个人听到了远处的笛声,而我却什么也听不到;当有人听到了牧童的歌声,而我又什么都听不到——这是怎样的差耻!这种事几乎让我绝望。再多一点儿这样的事,我真要自行了断了。

只有我的艺术阻止住了我。啊,我觉得,在把我内心感受到的一切都表达出来之前,我是不可能离开这个世界的。因此,我就饶了这可怜的命——对我这样一个敏感的身躯来说,这真是可怜的生活,突然的一个变化,就能让我从最好的状况变成最糟。

他们说,我现在必须选择隐忍做我的向导,我照办了。我希望我的决心能维持下去,一直到无情的命运之神切断我的生命之线为止。我或许会好起来,或许不。我准备好了。

28岁就被迫成为一个哲学家,这不是件易事,对一个艺术家来说更不易。

神圣的主,你注视着我的灵魂深处,你了解我的灵魂。你知道,我的灵魂中保存着爱人之心,想做好事之心。啊,人们,如果你们有朝一日读到这篇文字,想一想你们曾冤枉了我。那些不幸的人可以自慰了,因为他们发现了跟他们类似的人——尽管有各种天然的局限,这个人仍尽力要跻身于优秀艺术家和优秀人的行列。

你们,卡尔和约翰,我的兄弟,我死后,如果史密特大夫仍活着,以我的名义,让他描述一下我的病情,并把我的这份文字附在他的病情描述之后。这样,我至少是在我死后,尽量让这个世界和我和解了。

同时,我在此宣布,你们两人是我这点儿小财产(如果真能被称之为财产的话)的继承人。平均分配它,彼此和睦相处,彼此帮助。你们对我做的事,你们知道我早已原谅你们了。你,我的卡尔兄弟,我尤其感谢你最近表现出来的对我的依恋。我希望你能有一个比我更好的、更少烦恼的生活,教你的孩子们德行。只有德行,而不是金钱,才能带来幸福。我是从经验出发这样说的,是德行让我在消沉中奋起。感谢德行和我的艺术,是它们使我没有以自杀来了结生命。

永别了,要彼此相爱。

我感谢我所有的朋友,尤其是利希诺夫斯基亲王和史密特教授。我希望从利希诺夫斯基亲王那里得到的乐器,由你们两人之一保存下来,但不要在你们之间引起纷争。如果你们觉得卖掉更有用,就干脆把它们卖掉吧。如果我在坟墓中仍能对你们有益,我将多么高兴。就这样吧,我怀着喜悦之情,朝死亡奔去。如果死亡来临的时候,我还没有机会发挥出我的全部艺术才能,那么,就是我命运多舛,死亡来得太早了,我希望它晚点儿来。但即便这样,我也会心满意足,因为,死亡难道不是能把我从无尽的痛苦中解脱出来吗?死神,你爱什么时候来,就什么时候来吧,我将勇敢地迎向你。

永别了。我死后,不要彻底忘记我。我值得你们记住我,因为我活着的时候,常常想着你们,想着怎样能使你们幸福。一定要幸福。

路德维希·范·贝多芬
海立根斯塔特
1802 年 10 月 6 日

写完遗嘱,贝多芬觉得精神恍惚。他好像看到他的爷爷向他走来,叫着"亲爱的路易斯",张开手要抱住他;他好像看见自己的妈妈玛格达莲娜微笑着向他走来,叫着"路德维

贝多芬传

希",不让他贪玩,让他回家吃饭去;他好像看到了父亲约翰阴沉的脸,叫他赶快弹琴,否则就要打他……"我的童年哟,我可怜的童年!"贝多芬心理感慨着。"天堂里会是什么样子,亲爱的爷爷,亲爱的妈妈,亲爱的爸爸,你们能告诉我吗?在天堂里可还能够弹钢琴?我的兄弟卡尔和约翰,我是答应妈妈照顾你们的,现在你们已经不用我照顾了,可你们一定要记着我,记着你们的哥哥……"

几天之后,贝多芬又拿起了笔——他还有很多话想说。

给我的兄弟卡尔和约翰·贝多芬:
　　在我死后阅读并执行此文件。
　　海立根斯塔特,1802 年 10 月 10 日。
　　我就这样跟你们告别了,我真的很伤心。是的,我把温暖的希望带到了这里,希望我至少在一定程度上好转,这个希望我现在必须完全放弃了。秋叶要飘零、枯萎,我的希望也枯萎了。我走的时候,几乎跟我来的时候一模一样。甚至在晴好的夏日常常鼓舞着我的高涨的勇气,也消失了。
　　啊,苍天——有朝一日给我纯粹快乐的一天吧。因为,多日以来,我已经不知道什么是用心灵感受到的真正快乐了。啊,神圣的上帝,我什么时候——什么时候——才能再次在自然的人类的殿堂里感受到真正的快乐?从不?不,这真是太无情了。

贝多芬真是觉得有很多话想说,但他不想再说了。贝多芬躺在床上,觉得自己的生机一点点在消失,他觉得自己真的要死了。贝多芬仿佛又看到了爷爷、爸爸和妈妈。爸爸仿佛在说:"看我的吧。"贝多芬仿佛看见爸爸走了过来,拉起了他的身子,举起了胳膊,又扇了他一耳光,贝多芬又仿佛有了小时候挨打的疼痛。爸爸约翰说:"路德维希,我把你培养成音乐家容易吗?小时候,我教你,我低声下气地求别人教你,我们家没有钱,不就靠你爸这张老脸吗?你说你受了很多委屈,你爸何尝没有受很多委屈?你恨我,我认了,谁让我想靠你挣钱呢?谁让我是你爸呢?后来我酗酒,不可救药了,我可不希望我的儿子也是这个样子,我不希望我的儿子是孬种!其实,你是世界最幸运的人,你有你爸爸低声下气地求人,你有内弗先生循循善诱的教导,你有世界上最伟大的音乐家莫扎特、海顿和阿尔布雷西茨贝格的教诲,你有布洛宁夫人的关爱,你有瓦尔德史泰因伯爵的帮助,你有选帝侯马克西米连·弗兰茨的支持,作为一个音乐人,谁会有你这样的人生际遇?别人都在嫉妒你,你知道吗?耳聋,耳聋算什么?你不是对内弗先生说过吗?音乐是你的生命,音乐是你的生活,音乐就是你自己,一个耳聋的人不是也有自己的生命、自己的生活、自己的音乐吗?……"贝多芬听着听着,眼泪流了下来,他喃喃地说道:"爸爸,我错了……我为什么要离开这个世界呢?我是上帝的宠儿,上帝需要一个耳聋的音乐家。"

第二天,史密特医生来看他,发现贝多芬发着高烧,他慌忙给贝多芬吃下退烧药。贝多芬抓着史密特医生说:"谢谢您,史密特医生,我相信我很快就好了。我要离开海立根斯塔特,这里会是我一个新的起点。"

贝多芬离开海立根斯塔特的时候说:"我要扼住命运的咽喉,它决不能使我完全屈服!"

贝多芬的生活又回到了正常的轨道,他作曲、开演唱会、上课,同出版商谈判,同各位亲王、伯爵交往以获得他们的资助,忙得不亦乐乎。越来越多的人知道贝多芬失聪了,虽然有些人幸灾乐祸,但更多的人表现出了对贝多芬的同情。

但维也纳的形势越来越超出了贝多芬的预期,变得相当险恶了。法国人进攻维也纳,1805年11月,维也纳投降。12月12日,法国人进入了维也纳,占领持续了67天,奥地利弗兰茨一世皇帝被迫签署屈辱条约后,法国人退出。政治的动荡,给贝多芬的生活带来影响,他在乡下待了很长一段时间。

这期间,贝多芬曾同约瑟芬·布伦斯维克恋爱。约瑟芬是一位音乐家,在1799年20岁时嫁给49岁的约瑟夫·德姆伯爵,1804年伯爵去世,约瑟芬寡居。伯爵家里原是维也纳上流社会社交活动的中心,贝多芬与约瑟芬由友谊发展为爱情,但最终却由于约瑟芬母亲的反对——这位母亲可以怂恿女儿嫁给比她大29岁的伯爵,却不允许她嫁给比她大9岁的音乐大师,他们的恋爱无果而终。

1806年夏天,贝多芬应利希诺夫斯基亲王的邀请,到他在格莱茨的乡间府邸旅行、暂住。10年前,贝多芬在利希诺夫斯基亲王资助旅行演出时,曾经到过这里。故地重游,贝多芬感到非常亲切、惬意。而此时的格莱茨乡间,繁花似锦,鸟雀呼朋引伴,好不热闹。一天下午,利希诺夫斯基亲王设宴会招待贵宾。席间,有位法国将军仰慕贝多芬,希望能听到贝多芬本人的演奏。利希诺夫斯基亲王虽知道贝多芬不喜欢法国人,但仍千方百计请他演奏,遭到断然拒绝。

宴会结束后,贝多芬给利希诺夫斯基亲王留下了一张便条,便抽身离去。

> 亲王,您之所以成为一个亲王,只是由于偶然的出身。我之所以成为贝多芬,却是由于我自己。亲王现在有的是,将来也有的是,而贝多芬永远只有一个!

十几年来,利希诺夫斯基亲王给了贝多芬很多的照顾——贝多芬在维也纳取得的成就,有一部分要归功于亲王的扶持,贝多芬一直对亲王心存感激,但这次亲王的要求,触动了内弗从小对贝多芬的教导,触动了贝多芬作为一名德国人的骄傲,触动了他那颗高傲的心灵,他决不能为自

| 贝多芬传 |

己国家的敌人演奏——所以,他只能跟利希诺夫斯基亲王绝交。

① 贝多芬的《海立根斯塔特遗嘱》,体现了贝多芬什么样的思想?
② 贝多芬在维也纳的发展过程中,利希诺夫斯基亲王给了他很多实实在在的帮助。你如何评价贝多芬跟利希诺夫斯基亲王关系的破裂?

第九章　与上帝的对话

欧洲的战争仍然在持续,这给维也纳人的生活带来了严重的影响。在新民族主义的影响下,1809 年,奥地利与法国宣战,但很快以投降告终。维也纳通货膨胀严重,生活费用不断提高。

为了保证贝多芬的生活,金斯基亲王、洛柏克维奇亲王、鲁道夫大公商定,每年支付 4000 金币给贝多芬①。鲁道夫大公,是奥尔米茨的主教助理,后来成为主教,他也是贝多芬的学生、亲密朋友和最坚定的支持者。

1809 年 5 月的最后一天,在维也纳隆隆的炮火声结束后不久,海顿就去世了。

1810 年,贝多芬爱上了一位名叫特蕾莎·马尔法蒂的 18

---

① 因为热洛姆·冯·威斯特伐伦国王的宫廷乐队要聘请贝多芬担任第一乐队指挥,为使贝多芬能够留在维也纳,1809 年 3 月 1 日,金斯基亲王、洛柏克维奇亲王、鲁道夫大公同贝多芬签订合同,为其支付 4000 金币的年金。条件是贝多芬必须住在维也纳,或者奥地利国内的主要城市;并且,当贝多芬做重大旅行时,也必须征得同意。

贝多芬传

岁姑娘,为她写了《献给特蕾莎》①——a小调短钢琴作品。贝多芬不能自已,通过朋友向她求爱,但最终被拒绝了。贝多芬哀叹自己的爱情生活彻底结束了,他只能是孤家寡人。但很快,他又爱上了安东尼·布伦塔诺,一位比他小10岁的已婚女人,为此还向她写了热烈的情书(没有寄出),但结果也是可想而知。贝多芬觉得,或许他是不适合婚姻生活的。

1810年,还有位叫贝蒂娜·布伦塔诺的女孩闯进了贝多芬的生活。贝蒂娜是安东尼·布伦塔诺丈夫的妹妹,一个文学、艺术的狂热追求者。

贝蒂娜见到贝多芬之后,立即对贝多芬着迷了,她毫不掩饰地表达了对贝多芬的近似夸张的敬仰之情,她去贝多芬家里拜访。

"最让人尊敬的贝多芬先生,您真是我见过的最高贵的音乐家,最伟大的音乐家。"

"你真是会说话的女孩。你喜欢音乐?"

"我喜欢文学,也喜欢音乐,我活着就是为了艺术。"

"为了艺术而活着,你真是有趣的女孩。"

"伟大的贝多芬先生,我喜欢您的作品,每一首作品我都喜欢,虽然我还没有听过您几首作品,没有听过您的弹奏。"

"你想听我的弹奏?这个好办,我现在就可以给你弹

---

① 《献给特蕾莎》即名曲《献给爱丽丝》。19世纪人们发现贝多芬《献给特蕾莎》手稿时,题献的文字被错误地读成了《献给爱丽丝》,后来将错就错,《献给爱丽丝》就成了这首作品的名字。

奏。"贝多芬也有了兴致,弹起了《月光曲》。

"好美的钢琴曲,啊,伟大的人,我仿佛看到了一颗伟大的心灵……啊,我听出了忧郁,执著的忧郁,多情的忧郁,扣人心弦的忧郁,无尽的忧郁,可怜的人,他经历了什么样的事情啊?"听贝多芬弹完曲子后,贝蒂娜还沉浸在作品的旋律中,她嘴里喃喃地说着。

"你还真是有艺术感受力的姑娘,是无尽的忧郁。"

"这是谁?这是您吗?伟大的贝多芬先生,不,肯定不是您,您有一颗伟大的心灵,有伟大的成就,这忧郁不该属于您。"

"它属于我,也属于你——它属于音乐。"贝多芬轻轻地说。

"伟大的贝多芬,您说得太好了。对,它属于我,也属于你,或者说,它不属于我,也不属于你,它属于音乐。"贝蒂娜激动起来,抓住了贝多芬的手,"您真是一个伟大的人,我真想把我自己奉献给您,奉献给音乐,可我,我属于歌德。"

"你说歌德?那个伟大的诗人,你认识他?"贝多芬对歌德很是仰慕。

"对,歌德,一个伟大的诗人。我认识他,我的心都在他那里,他是我的生命,我为他活着。"说起歌德,贝蒂娜眼里充满了向往。

"你真的认识他?"贝多芬还是觉得有些怀疑。

"我认识他,我和他有很多的交往,您想认识他吗?"

"我当然想认识他,一个伟大的人,我的一些曲子都取材

贝多芬传

于他的《浮士德》，他的作品给了我创作的灵感。"

"那太好了，我马上就给他写信。"贝蒂娜欢快地说，她仿佛看到了两个伟大人物的见面，而她是他们中间的天使。

当天晚上，贝蒂娜即给歌德写了信。信中说："当我看到我跟您说的这个人时，我忘记了整个世界——当我回忆起当时的情景时，世界仍会消失，是的，它会消失……我要跟您说的是贝多芬，他使我忘记了世界，忘记了您。的确，我还没有成年[①]，但如果我说——现在大概没有人理解、相信这一点——他大步走在了人类文明的前面，我不会说错的。我们能赶上他吗？我怀疑。但如果他能活到让他的灵魂中强大、高贵的谜团完全展开，能达到他灵魂的最高目标，那么，他一定会把天国知识的钥匙放在我们手里，我们就可以朝真正的幸福再走近一步……"

贝蒂娜虽然对贝多芬有无限的崇敬之情，但就如她自己说的，她属于歌德。后来她嫁给了一位诗人，但仍然不能忘怀歌德。

贝多芬的耳聋、腹痛等情况仍然时时折磨着他。为了改善身体状况，1811年8月，贝多芬接受了医生的建议，到布拉格以北约80公里的特普利采去洗矿泉浴。特普利采是欧洲著名的温泉疗养地，据说那里的温泉对耳聋、痛风等有很好的疗效。他在特普利采待了六个星期，感觉效果不错。1812年7月，贝多芬又去了特普利采。令他没有想到的是，歌德竟然也在特普利采。

---

① 贝蒂娜·布伦塔诺当时25岁。

在几个星期里,贝多芬和歌德常常见面,一起谈论文学与艺术,谈论人生与世界,相处得还比较融洽。有一天,正当贝多芬与歌德并肩在林荫路上散步时,奥匈帝国的皇后、公爵以及一些大臣向他们走来。贝多芬瞅了瞅他们,对歌德说:"请挽住我的胳膊,他们应该给我们让路——而不是我们让路。"歌德并没有挽住贝多芬的胳膊,而是望着渐渐走近的皇后等人,摘下帽子,脸上微笑着,躬身施礼。而贝多芬瞅了瞅歌德,仍旧背着手向人群走去,皇后及王公大臣主动让开了一条路,在两边向贝多芬致意,贝多芬仅微微侧了一下帽子。歌德对这一情景非常尴尬。在他看来,他与贝多芬并肩散步,和贝多芬自然是朋友,而他的朋友对王公大臣应该具有最起码的礼貌,而贝多芬却没有。

贝多芬和歌德注定不会成为真正的朋友。后来,歌德在给友人的信中说,虽然贝多芬具有令人惊异的才华,但完全是个放浪不羁的人。而贝多芬在给友人的信中则说歌德"特别喜欢宫廷的氛围,对于一个诗人来说,这似乎很不相称。诗人本该是引导着国家的导师。如果诗人遇到了宫廷的光环就忘记了一切,对大师的这种可笑行为,我又能有什么褒扬之词呢?"歌德和贝多芬的立场不同,或许本没有谁对谁错。

欧洲的战争还在持续。拿破仑的军队虽仍是咄咄逼人,但已是强弩之末,欧洲各国联军逐渐反败为胜。1814年10月,欧洲各国首脑云集维也纳,商讨欧洲的未来。1815年6月18日,拿破仑兵败比利时滑铁卢——给欧洲带来多年战争的拿破仑终于被打败了。

　　这期间,爱国的激情在贝多芬心中燃烧,他参加慈善音乐会,创作了大量的作品。在欧洲首脑云集维也纳的时候,贝多芬受命谱写一首合唱《你们这些谨慎的、智慧的建国人》。1814年,贝多芬在维也纳可以说是如日中天,不只在音乐界,在世俗百姓中也是声名显赫——贝多芬获得了人们持续的赞美。

　　但厄运又开始悄悄降临到贝多芬身上。1815年初,贝多芬的二弟卡尔·贝多芬得了肺结核,贝多芬虽曾找人帮卡尔看病,但仍于事无补。11月16日,卡尔病逝。卡尔死前,念念不忘他9岁的儿子小卡尔,他抓着贝多芬的手,乞求自己的哥哥照顾小卡尔。

　　"妈妈死的时候,让你照顾我和约翰,你做到了,你是好哥哥。我现在马上要死了,可我的儿子才9岁,我只能把他托付给你了。你看这个——"卡尔把自己的遗嘱递给哥哥。

　　"卡尔,亲爱的弟弟,你安心养病吧,或许没有什么大问题。"贝多芬还想宽慰弟弟。他接过了卡尔递给他的遗嘱,看了起来。卡尔的遗嘱内容不多,主要涉及的是小卡尔的监护、抚养问题。

　　"亲爱的哥哥,我知道自己不行了,这是从妈妈那里得来的,没有办法。你一定要爱护自己的身体——我知道你的身体不好。"卡尔流下眼泪来。

　　"卡尔,你让我和你的妻子约翰娜一起做孩子的监护人?我虽然从没有见过她,但她的名声不好,我听说她曾侵占公款,对你也不忠诚,这些都是被起诉过的,你不能让她做孩子的监护人,她会把孩子带坏的,这是个'夜女王'。"

"亲爱的哥哥,她确实有不良的行为,但她是孩子的妈妈啊。"

"亲爱的卡尔,你不能心软,这是个坏女人。"

"亲爱的哥哥,那我听你的,只由你做孩子的监护人。"卡尔修改了遗嘱。

卡尔去世几天后,当贝多芬想把小卡尔领走的时候,约翰娜拿出了卡尔的遗嘱,阻止了他——卡尔的遗嘱上仍旧是由他和约翰娜做小卡尔的监护人,并且在附加条款的末尾加了一句话:"我希望我妻子能顺从,我哥哥能更有节制。上帝保佑他们为了我孩子的缘故,和平相处,这是垂死的丈夫和弟弟的最后愿望了。"

贝多芬看着这遗嘱,怒不可遏,他确定卡尔死前改遗嘱肯定受到约翰娜的威胁。怎么办?贝多芬觉得,约翰娜是个不祥的女人,小卡尔的监护权只能由他一个人来承担——贝多芬最后决定由诉讼来解决这个问题。

贝多芬与约翰娜之间的诉讼开始了。法院第一次判决,小卡尔的监护权由贝多芬一人来承担。但约翰娜上诉,上诉期间卡尔的监护权由贝多芬一人代理。经过4年漫长的诉讼,期间还有很多的波折,贝多芬终于赢得了官司,但他已经精疲力竭。

自抚养卡尔以来,贝多芬身上闪耀着父性的光辉——贝多芬虽有过几个女人,但他从没有结婚,没有孩子——他把自己所有的父爱都给了卡尔。他出高额的学费,让卡尔进维也纳最好的私立学校;他给卡尔买新衣服,让自己的学生教卡尔弹钢琴;他还为卡尔请家庭教师……为了能时常看到卡尔,贝多芬在离卡尔学校不远处租了房子。令贝多芬恼火的是,卡尔上私立学校后不久,约翰娜打听到消息,开始到学校看望卡尔。贝多芬就同学校谈判,只允许约翰娜一个月看望一次卡尔。还有两次,卡尔自己偷着跑到了约翰娜那里,贝多芬直接报警,让警察把卡尔给送回来。

在卡尔去世一周年的时候,贝多芬特意把卡尔从学校里接了出来,他要带卡尔去给父亲扫墓。

"亲爱的卡尔,在学校怎么样?老师怎么样?"贝多芬见到卡尔,高兴地把他抱了起来。

"爸爸,学校很好,老师很好。"卡尔一本正经地说。

"你妈妈最近来看你了吗?"

"没有,我已经很长时间没有看到妈妈了。"

"你想妈妈吗?"

"我想妈妈。"

"我亲爱的卡尔,你不要想那个女人,她是'夜女王',是个'乌鸦妈妈',她会让你变坏的。"贝多芬严肃地说。

"我妈妈为什么是'乌鸦妈妈'?"

"'乌鸦妈妈'嘛,你看天上的那些乌鸦,黑黑的,只会'嘎嘎'地乱叫。"贝多芬抬头看了看天空,却没有发现乌鸦,他学着乌鸦的叫声对卡尔说。

"我觉得我妈妈挺好的……"

"'乌鸦妈妈'有什么好！以后不要想她,我希望你能够做一个高贵的人。现在我们不说这个坏女人了。我问你,今天是什么日子？我亲爱的卡尔知道吗？"

"不知道。"

"今天是你爸爸去世的日子,去年的今天,你爸爸到天国去了,你可一定要记住,你是你爸爸的儿子,你是我的儿子。"贝多芬叮嘱卡尔。

"我……也是我妈妈的儿子。"卡尔小声说。

"你说什么？卡尔,大点儿声说话。"贝多芬耳聋,声音小听不见,他提醒卡尔。

"老爹,我没有说什么。"卡尔在贝多芬耳边大声说。

贝多芬要做的事情实在太多,他要注意自己的身体,让自己的耳聋、腹痛、胃痛等疾病不至于进一步恶化;他要照顾卡尔,希望他在失去父亲之后,仍然得到父爱——最好的父爱;他要同约翰娜打官司,这个女人实在让贝多芬烦透了,她阴魂不散,总是给贝多芬找麻烦;他还要作曲,1815年至1819年几年间,贝多芬几乎丧失了创作的欲望,作品极少,好在他以前作品的出版问题进展顺利,在英国的销路也大大扩展,贝多芬的音乐在英国有了很好的名声。

1819年1月,奥尔米茨大主教去世。3月份。鲁道夫大公成了大主教,6月份又成了枢机主教。这是令贝多芬稍微高兴的事情,因为鲁道夫大公是他的学生兼亲密朋友,他觉得自己的境遇或许会有些改变。多年来,贝多芬都希望自己能够在维也纳有一个稳定的、有地位的、有较高收入的职位,

贝多芬传

不再只靠着授课、演奏、出卖乐谱以及别人的资助生活。1822年11月,皇家宫廷作曲家去世,贝多芬想得到这个职位,做皇家宫廷乐队的乐长,但他没有如愿——弗兰茨皇帝把这职位取消了。

1823年,贝多芬创作的《庄严弥撒曲》完成。这部作品的创作开始于1819年,几年来,耗费了贝多芬大量的心血。1824年4月7日,《庄严弥撒曲》第一次演出,作品获得了极大的成功,又使贝多芬站在了音乐的巅峰。

此时的贝多芬,身体的各个部位仿佛都出了问题。他的耳朵已经完全聋了,听不到任何的声音;他的腹部、胃部、肝部都在疼,都在折磨他;他的脑袋有时也在疼……"我大概快要死了,上帝想听我弹奏的音乐了吗?"贝多芬喃喃自语,"莫扎特死之前,为他自己写了《安魂曲》,我死之前要为我自己做什么呢?也写一部《安魂曲》?呵呵,那太没有创意了,那不是我贝多芬的风格……"贝多芬咧嘴笑起来。

这些年来,贝多芬备受疾病的折磨,对于死亡,他已经没有了恐惧。在他看来,生和死都是上帝的一种恩赐——在他之前,有无数人死亡;在他之后,还会有无数人死亡,所以,死亡是人的一种正常的状态,这有什么恐惧的呢?"在死亡之后能不能见到上帝的荣光?"他又在问自己,"不要胡思乱想了,我还是想创作什么音乐吧。我已经创作了八首交响曲,一直计划创作第九交响曲,对,就创作《第九交响曲》。写什么内容,表达什么样的思想呢?"贝多芬在思忖着。

自从贝多芬完全耳聋以后,他大多数时间都沉浸在自己的世界里——除了卡尔时不时扰乱他的心神外。其实,对于《第九交响曲》的勾画,贝多芬多年前就开始酝酿。

"我要用音乐和上帝对话!"贝多芬心中一个声音坚定地说,他陷入深思冥想中。

"我小时候就想知道贵族是什么,我长大后大部分时间都在和贵族打交道,那是些王公侯爵,伯爵贵妇,还有贵族小姐,贵族是什么?因为他们本身高贵吗,还是因为他们是贵族而显得高贵?他们有地位和金钱,但地位和金钱就能说明一个人灵魂的高尚吗?这是一个什么逻辑?聪明的仁慈的上帝,我想请你告诉我。

"我爷爷不是贵族,我妈妈不是贵族,但他们却是那样仁慈地爱我,我在他们的呵护下感到温暖,他们给我童年的快乐——我的音乐里有他们的笑声,有我的笑声,他们是我心中最伟大的人,我一辈子铭记他们。快乐也有高贵与卑贱之分吗?席勒在他的《欢乐颂》中,歌颂了人世间的欢乐,人生的欢乐是不是万能的上帝、伟大的造物主赐给人的最大的礼物?谁能阻挡我童年时在爷爷跟前的欢乐的笑声?我享受生命,这是我的自由和权利;我感受欢乐,也与世人分享欢乐,这就是我的或者说是人的生命的意义吗?人生的意义是什么,价值在哪里?聪明的仁慈的上帝,我想请你告诉我。

"我长大了,我的父亲教我音乐,内弗先生教我音乐,莫扎特先生、海顿先生也教我音乐,阿尔布雷西茨贝格教我音乐,我的生命中流淌着一个个音符,欢愉也好,痛苦也罢,这一个个音符跳动在我的生命里。我感恩内弗先生,感恩莫扎特先生,感恩海顿先生,感恩阿尔布雷西茨贝格先生,他们都一个个逝去,是不是在天堂里还为上帝演奏音乐?生命高尚吗?在伟大的造物主面前,我们都很高尚吗?燃烧自己的生命,照亮别人,生命在延续,这是不是生命中最宝贵的东西?金钱和地位又算得了什么?在我生命的过程中,我在一个个跳动的音符里感受着生命,耳聋也是我生命的一个组成部分。但作为一个耳聋的音乐家,我却听不到自己演奏的声音,听不到别人演奏的声音,我的音乐的价值又在哪里?聪明的仁慈的上帝,我想请你告诉我。

"我有很多的朋友,瓦尔德史泰因伯爵、魏格勒医生、鲁道夫大公,他们都在我困难的时候帮助我,这对我是一辈子的友谊,我永远感谢他们。我也有很多的敌人,为了名、利二字,诋毁我、攻击我、咒骂我,幼稚可笑的敌人吗?……或者说是幼稚可笑的我,我不也在诋毁他们、攻击他们、咒骂他们吗?我应该宽恕他们,宽恕我所有的敌人,他们能够宽恕我吗?聪明的仁慈的上帝,我想请你告诉我。

"我渴望爱情,渴望少女那温滑的肌肤、温柔的眼神和温顺的情感,她们简直是万能的造物主最成功的作品。她们身上有一种令人心颤的美丽,她们清灵的眼神能挑动世上所有的神经,她们窈窕的、柔软的腰肢有降服一切的魔力——我赞美这伟大造物主的作品,我欣赏她们的美丽。可我的爱情呢,我爱过的那些女人,艾里奥诺、朱列塔、约瑟芬、特蕾莎,她们都成了别人的妻子,我祝福她们,可我的灵魂在受着熬煎,谁能体会我内心的痛苦呢?温柔的艾里奥诺啊,我一生都铭记着你,虽然你成为我好朋友的妻子,但这又有什么办法,这又有什么过错?我在遥远的维也纳,只有祝福你们。男人和女人,我这一辈子也没有弄清楚,女人是怎样的一个奇怪的生灵啊?——可怜的老单身汉贝多芬,没有妻子,没有爱人,没有子女,没有享受人类最温柔的情感,她们高贵吗?她们雅致吗?她们浅薄吗?她们无耻吗?聪明的仁慈的上帝,我想请你告诉我。"

贝多芬的情绪渐渐激昂起来,他握紧了拳头,挺直了身子。

"我,我贝多芬一辈子,是一个怎样的过程啊,我出生在波恩,生活在维也纳,我旅行演出,我周旋在热爱音乐的王公贵族中间。我获得了金钱,我获得了掌声,我获得了荣誉,我挺立在音乐之巅。我把全部的生命献给音乐,我把我全部的音乐献给您——神圣的天父——请接受我音乐的献礼!我是路易斯,我是路德维希,我是贝多芬,我是我自己的贝多芬。对,我不是莫扎特,我不是海顿,我是我自己的贝多芬!莫扎特算得了什么,他也只不过是可怜的生灵;海顿算得了什么,他只不过是安分守己的良民;还有歌德,歌德算得了什么,他只不过是卑微的侍从。我就是贝多芬,贵族在我的脚下,我乘着音乐的翅膀在天空里飞翔,我飞翔,我舞蹈,我高唱!我礼赞生命,我礼赞万物,我礼赞自然!我把我自己的贝多芬呈现在天下万民面前——你们可以说他是幸运的贝多芬,可以说他是不幸的贝多芬,可以说他是粗野的、放浪不羁的贝多芬,可以说他是卑微的贝多芬,可以说他是高贵的贝多芬,但他把自己的全部的音乐的欢乐分享给你们;我把我自己的贝多芬呈现在上帝面前——这就

贝多芬传

是我死前献给上帝的礼物,我将在欢乐的颂曲中看到天堂的氤氲,看到天堂的祥瑞,看到上帝的真容!礼赞吧,独一无二的贝多芬,这是造物主最大的恩赐;礼赞吧,举世无双的贝多芬,这是生命最强的乐音!——这是贝多芬欢乐的源泉!世间万众一起欢乐吧!"

激昂的情绪在贝多芬心中激荡,他拿起笔,抒写他贝多芬的生命。

1824年2月,贝多芬《第九交响曲》在经过反复酝酿、修改之后终于完成。5月7日,在维也纳首次公演,盛况空前。当《第九交响曲》大合唱结束时,剧场的气氛达到了高潮,听众相互拥抱,一次又一次地热烈鼓掌——贝多芬在5次热烈鼓掌后方能谢幕。当时维也纳的习俗,皇族出场不过鼓3次掌,这让警察都不得已出面干预……人们把最高的荣誉给了贝多芬。

① 你喜欢音乐吗?你听过贝多芬的《英雄交响曲》、《命运交响曲》、《悲怆钢琴奏鸣曲》、《月光曲》等这些世界名曲吗?音乐可以陶冶情操,希望同学们能够认真听一下、感受一下。

② 请仔细听贝多芬的《第九交响曲》,谈一下这首曲子里所蕴含的人类的精神。

尾　声

　　1823年秋，卡尔从文科中学毕业后，开始上大学。随着年龄的增长，卡尔与贝多芬的关系不但没有亲近，反而更加疏远了。

　　卡尔最初学习语言学，后来又学商务。卡尔的任何花费都需要向贝多芬讨要——只有在要钱的时候，贝多芬才能见到卡尔，而每次见面都会以争吵结束。贝多芬关心卡尔的学习，关心卡尔的日常生活，关心卡尔关交朋友，干涉卡尔去见他妈妈，这些都让卡尔恼火；而贝多芬则对卡尔越来越失望，有时对他大发雷霆，希望完全摆脱卡尔。卡尔为了摆脱贝多芬，又提出要去参军，这遭到贝多芬的断然拒绝。1826年7月30日，卡尔用自己买的手枪自杀，好在被人所救，住了6个星期医院。

　　卡尔的自杀，对贝多芬的打击是空前的——他把自己全部的父爱都给了卡尔，却换来这样的结果。无奈之下，他同

贝多芬传

意卡尔去参军。1827年1月份,卡尔离开维也纳去了部队①。

贝多芬的健康状况日益恶化,已经患有肺炎、肝硬化和腹水症。1826年底,贝多芬接受了第一次腹腔穿刺手术。1827年1月3日,贝多芬在卡尔去参军的第二天,立下遗嘱,将卡尔指定为他的唯一继承人。3月26日下午5时许,又接受几次肝硬化手术之后,贝多芬的心脏停止了跳动,孤独地闭上了双眼。

在贝多芬重病期间,他还与魏格勒医生、艾里奥诺一家人通信。艾里奥诺在信中对他说:"您……先到这儿来,看看回到故乡的快乐,会对您有何影响。"艾里奥诺是关心他的,可惜贝多芬已经无法回到他出生、长大的故乡,无法见到他挚爱一生的朋友或是恋人了。

关于贝多芬的死因,当时医生下的结论是肝硬化,后来有人说他死于梅毒。在贝多芬去世前,音乐家费迪南·希勒曾取下了贝多芬的一缕头发。后科学人员检验发现,头发中

---

① 卡尔在部队服役5年,然后结了婚,一辈子过着富足、舒适的生活。1858年去世。

| 尾声 |

含铅量过高。所以现在有些人认为,贝多芬是死于铅中毒——因为当时工业污染了多瑙河的鱼,而贝多芬又很喜欢吃该地段的鱼——贝多芬性格狂躁,长期有慢性腹泻和腹痛疾病,甚至他的死亡,都可能是由铅引起的。

① 贝多芬在培养侄子卡尔的过程中,无疑是失败的。你觉得贝多芬的失败体现在哪些方面,有哪些教训可以吸取?

② 在音乐方面,贝多芬有着卓越的成就,你如何评价他在音乐方面的成就?

附录　贝多芬年谱

1770 年　12 月 17 日,波恩宫廷乐手约翰·范·贝多芬和妻子玛格达莲娜的儿子路德维希·范·贝多芬接受洗礼。贝多芬可能是 12 月 16 日出生。

1773 年　12 月 24 日夜,贝多芬的祖父路德维希·范·贝多芬去世,享年 61 岁。老贝多芬是选帝侯马克西米连·弗里德里希的宫廷乐队乐长。

1778 年　贝多芬首次登台演出。

1779 年　10 月,贝多芬成为内弗先生的学生。

1782 年　贝多芬《根据德莱斯勒一首进行曲而作的钢琴变奏曲》出版,这是他公开出版的第一首曲子。从 1782 到 1783 年间,他创作了三首钢琴奏鸣曲。

1784 年　2 月 15 日,选帝侯马克西米连·弗里德里希去世，玛丽亚·特雷西亚女皇最小的儿子马克西米连·弗兰茨即位。

6月27日，贝多芬成为宫廷管风琴师。

1787年	4月7日，贝多芬到达维也纳，师从莫扎特。两周后，收到母亲重病的消息，即返回波恩。
	7月17日，母亲玛格达莲娜因病去世。
1789年	7月14日，法国爆发大革命。
1790年	12月25日，海顿抵达波恩，与贝多芬见面。
1791年	12月5日，莫扎特在维也纳去世。
1792年	7月份，海顿再次途经波恩，同意教授贝多芬。
	11月2日，贝多芬离开波恩，前往维也纳，师从海顿。
	12月18日，父亲约翰·范·贝多芬在波恩去世。
1793年	贝多芬结识皇家图书馆馆长斯维滕先生、卡尔·利希诺夫斯基亲王等人。
1794年	海顿前往英格兰，贝多芬师从阿尔布雷西茨贝格。
1795年	年初，贝多芬把自己的钢琴三重奏编为"作品1号"。
	3月29日，贝多芬参加音乐家协会每两年举办一次的音乐会。
	3月31日，贝多芬参加慈善音乐会，为莫扎特遗孀康斯坦策和孩子募捐。

1796 年	2 月至 6 月,贝多芬在利希诺夫斯基亲王资助下,在德莱斯顿、莱比锡、柏林等地旅行演出。
1798 年	内弗先生去世。贝多芬创作了《钢琴奏鸣曲》、《弦乐三重奏》、《降 B 大调单簧管三重奏》等。
1799 年	贝多芬出版《悲怆钢琴奏鸣曲》。
1800 年	4 月 2 日,贝多芬在宫廷剧院首次举办了个人作品音乐会。他声名鹊起,成为年轻的音乐大师,声名甚至超过了海顿。
1801 年	贝多芬给朋友魏格勒医生的信中,首次提到自己耳聋的症状。
1802 年	10 月,写下著名的《海立根斯塔特遗嘱》。
1803 年	贝多芬创作了《第三交响曲》(后冠名为"英雄")等。
1805 年	11 月 20 日,贝多芬《莱奥诺拉》首演。
1806 年	夏天,贝多芬与利希诺夫斯基亲王关系破裂。
1808 年	贝多芬创作《第五交响曲》、《第六交响曲》等。
1809 年	金斯基亲王、洛柏克维奇亲王、鲁道夫大公与贝多芬商定,每年支付 4000 金币给贝多芬,让他留在维也纳。 5 月 31 日,海顿去世。
1810 年	贝多芬为特蕾莎·马尔法蒂创作《献给特蕾莎》(即《献给爱丽丝》)。
1811 年	贝多芬去特普利采矿泉疗养。
1812 年	贝多芬创作《第七交响曲》和《第八交响曲》等。

	7月,贝多芬又去了特普利采疗养,与歌德见面。
1814年	10月,欧洲各国首脑云集维也纳,召开"维也纳会议"。贝多芬受命谱写一首合唱《你们这些谨慎的、智慧的建国人》,他的声名如日中天。
1815年	6月18日,拿破仑兵败比利时滑铁卢,持续多年的欧洲战争结束。 年初,贝多芬二弟卡尔·贝多芬得了肺结核,11月16日病逝。为争夺侄子卡尔的监护权,贝多芬与弟媳约翰娜进行了4年多的诉讼。1820年4月,贝多芬最后赢得官司,成为卡尔的唯一监护人。诉讼让贝多芬身心疲惫。
1818年	贝多芬的耳聋加剧,只能以对话本进行交流。
1819年	1月,奥尔米茨大主教去世。 3月,贝多芬的学生兼朋友鲁道夫大公成了大主教。贝多芬开始创作《庄严弥撒曲》。
1821年	贝多芬疾病复发。完成了最后三首钢琴奏鸣曲。
1823年	贝多芬完成《庄严弥撒曲》。卡尔中学毕业,开始上大学。
1824年	2月,贝多芬《第九交响曲》完成。 4月7日,《庄严弥撒曲》首次公演,获得极大成功。

	5月7日，《第九交响曲》首次公演，贝多芬重回音乐的巅峰。
1825年	5月，患严重肠炎。
1826年	7月30日，卡尔用手枪自杀，被人所救，住院6个星期。
	贝多芬身心受重创，12月份健康状况急转直下，接受第一次腹腔穿刺手术。
1827年	1月2日，卡尔离开维也纳参军。
	1月3日，贝多芬立下遗嘱，指定卡尔为自己的唯一继承人。
	贝多芬健康全面恶化，患有肺炎、肝硬化和腹水症。
	3月26日，下午5时许，贝多芬去世。
	3月29日，维也纳人为他举行了盛大的葬礼。